MÅLIN HARTZ/ANNA PROCHOTTA

BLANKENESE & ELBVORORTEBUCH

BLANKENESE, NIENSTEDTEN, OTHMARSCHEN, RISSEN

W0049498

JUNIUS

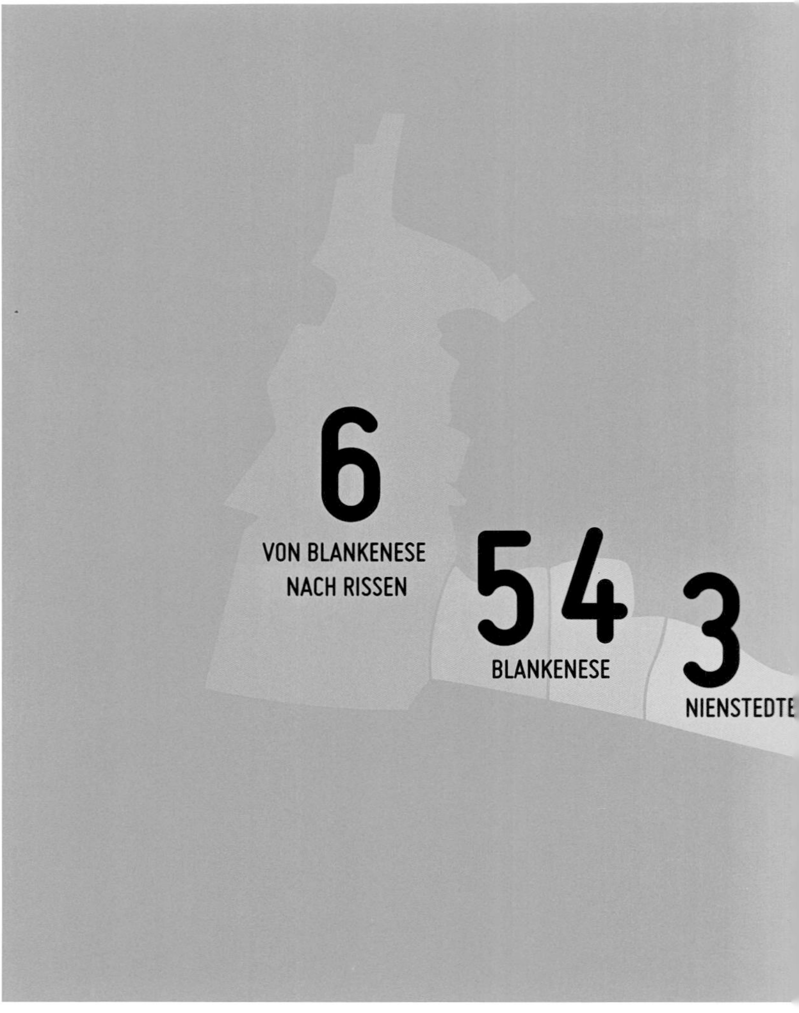

6

VON BLANKENESE
NACH RISSEN

5 4

BLANKENESE

3

NIENSTEDTE

EINLEITUNG

Die Hamburger Elbvororte sind wegen ihrer exponierten Lage oberhalb der Elbe, ihren Parks und herrlichen Villen weit über Norddeutschland hinaus bekannt. Wenngleich der Begriff »Elbvororte« keine verwaltungstechnische Einheit bezeichnet, lassen sich ihm doch die heutigen Stadtteile Othmarschen, Nienstedten, Blankenese und Rissen sowie, weitläufiger betrachtet, auch die Stadtteile Groß Flottbek, Iserbrook und Sülldorf zuordnen, obgleich Letztere nicht direkt an den Elbstrom grenzen. Wie der Name schon vermuten lässt, liegen die Stadtteile nicht im Hamburger Kerngebiet, sondern weit außerhalb – im Westen der Hansestadt.

Die Landesherrschaft über das Gebiet hatten seit 1111 die Grafen von Schauenburg. Mit dem Tode Adolfs XI. von Schauenburg 1459 erlosch die Hauptlinie der Familie, und König Christian I. von Dänemark trat ihr Erbe als Landesherr über die Grafschaften Holstein und Stormarn an. Nur die Grafschaft Pinneberg mit Altona verblieb bei einer Nebenlinie der Schauenburger. Als diese 1640 ebenfalls ausstarb, folgte auch hier der dänische König als neuer Landesherr. So befanden sich die Elbvororte ab 1640 für rund zwei Jahrhunderte unter dänischer Herrschaft, bis sie nach dem Deutsch-Dänischen Krieg (1864) dem preußischen Herrschaftsgebiet zugeordnet wurden. Seit Juni 1927 gehörten sie zur Stadt Altona, nachdem der Preußische Landtag im Zuge des Groß-Altona-Gesetzes die Eingemeindung unter anderem der Ortschaften Rissen, Sülldorf, Blankenese, Nienstedten, Klein- und Groß Flottbek beschlossen hatte. Mit dem Groß-Hamburg-Gesetz von 1937 schließlich wurden Altona wie auch die Elbvororte zu Hamburger Stadtteilen.

Im Mittelalter und der Frühen Neuzeit waren die Elbvororte kleine Fischer-
und Bauerndörfer, die unterschiedlichen Kirchspielen und Grafschaften
zugehörten. Das Leben spielte sich hier fernab der großen Stadt Hamburg in eigenen innerdörflichen Strukturen ab. Größere Aufmerksamkeit
durch die Stadtbewohner erhielten diese Ortschaften erst seit dem frühen
18. Jahrhundert, als wohlhabende Hamburger und Altonaer Kaufleute die
landschaftlichen Reize vor den Toren der Stadt für sich entdeckten. Die
Besonderheit der Elbvororte lag damals wie heute in der geografischen
Formation des Gebietes, denn die vorletzte Eiszeit (Saale-Kaltzeit) vor
300 000 bis 130 000 Jahren mit ihren Geröll- und Gesteinsmassen hatte
einen durchgängigen Höhenzug geschaffen, der das Gebiet der Elbvororte
mit den Harburger Bergen verband. Die jüngste Eiszeit (Weichsel-Kaltzeit)
vor 115 000 bis 11 700 Jahren mit ihren Unmengen an Schmelzwasser grub
schließlich das Flussbett der Elbe und durchtrennte den Höhenzug.

BLICK AUF BLANKENESE UND DEN SÜLLBERG, 1969

6

Bis heute zeugen Namen wie Waseberg, Kiekeberg oder Süllberg von der erhöhten Lage der Elbvororte, und eben diese Lage mit weitem Blick über Land und Strom bewegte die wohlhabenden Kaufleute dazu, sich hier niederzulassen. Wo zunächst kleine sommerliche Gartenhäuser entstanden, wurden zunehmend große Villen in Auftrag gegeben, die nach und nach auch das ganze Jahr bewohnt wurden. Seit Ende des 18. Jahrhunderts wurde es außerdem populär, um die Landhäuser weitläufige Parks anlegen zu lassen, wovon Baurs und Goßlers Park bzw. der Jenischpark mit ihrer herausragenden Gartenbaukunst bis heute eindrückliche Beispiele geben.

Ein regelrechter Bauboom setzte mit der Eröffnung der Bahnlinie Altona–Blankenese 1867 ein. Hatten Anwohner wie Besucher die Elbvororte zuvor nur per Pferd oder mit Kutschen erreicht, was eine lange beschwerliche Fahrt auf ausgefahrenen und steinigen Wegen bedeutete, so ermöglichte der Ausbau der Eisenbahn nun ein schnelles und vergleichsweise

FÄHRANLEGER BLANKENESE, UM 1950

komfortables Reisen. Die Aussicht auf schöne Ausblicke, gute Luft und ein erquickendes Elbbad lockte zahlreiche Ausflügler und Touristen, die beim Anblick der Landschaft in wahre Verzückung gerieten.

Heute leben in den elbnahen Stadtteilen Othmarschen, Nienstedten, Blankenese und Rissen etwa 45 400 Einwohner. Sie gehören zu den einkommensstärksten Bewohnern Hamburgs, wovon nicht zuletzt zahlreiche Villenneubauten, eine Vielzahl moderner Luxuswohnungen und Gartenanlagen zeugen. Über die Jahrhunderte haben die Elbvororte also offenbar nichts von ihrer Attraktivität verloren, wenn sich diese nicht sogar noch einmal gesteigert hat. Bis heute sind sie jedenfalls ein Anziehungspunkt für Hamburger wie für die Besucher der Stadt und laden mit ihren Parks, dem Elbufer und vor allem dem Elbwanderweg zu ausgedehnten Spaziergängen, Radtouren oder einfach zum Verweilen ein.

Dieses Buch setzt eine von Stattreisen Hamburg e.V. und dem Junius Verlag konzipierte Stadtteil-Buchreihe fort und bietet die Möglichkeit, nicht nur die Schönheit der Elbvororte zu erkunden, sondern auch mehr über ihre Geschichte zu erfahren. Sechs Rundgänge führen von Othmarschen im Osten bis an die westliche Landesgrenze Hamburgs nach Rissen, eine Übersicht am Ende der Touren verzeichnet jeweils Adressen interessanter Geschäfte und von Einrichtungen, die den Mittelpunkt des Stadtteillebens bilden, sowie empfehlenswerte Gastronomie. Aus naheliegenden Gründen – die vierte und die fünfte Tour weisen größere räumliche Überschneidungen auf – werden die Adressen für Blankenese am Ende der fünften Tour zusammengefasst. Alle Rundgänge beginnen an Stationen des öffentlichen Nahverkehrs, eine schöne Alternative zu den Einzeltouren für Tagesausflügler ist eine Radtour über den Elbwanderweg mit Exkursionen zu einzelnen Stationen der Rundgänge.

CHRONIK

UM 200	Das heutige Gebiet der Elbvororte ist sächsisches Stammesgebiet und liegt im Gau der Holsten (»die im Holze sitzen« = Waldbewohner).
804	Kaiser Karl der Große siedelt christianisierte Untertanen in Gebiete nördlich der Elbe (»Nordalbingien«) um.
1060/61	Errichtung von Burg und Propstei auf dem Süllberg durch Erzbischof Adalbert von Bremen zum Schutz der Fähre am Heerweg aus Dänemark über Hamburg und Bremen nach Holland. Von der Bevölkerung werden die Anlagen nach Raubüberfällen der Burgmannen in der Gegend um 1070 wieder zerstört; Exkommunikation der Nordalbinger durch den Erzbischof.
7.5.1189	Graf Adolf III. von Schauenburg erhält von Kaiser Friedrich I. Barbarossa den sogenannten »Hamburger Freibrief«. Dieser beinhaltet: freie Elbschifffahrt, freie Fischerei, eigene Marktpolizei, Freistellung vom Heerbann und Errichtung eines Bannkreises (zwei sächsische Meilen = 18 Kilometer) gegen die Errichtung fremder Burgen um Hamburg.
1258	Errichtung der zweiten Burg auf dem Süllberg durch die Brüder Johann I. und Gerhard I. von Schauenburg zur Abwehr gegen den Bremer Erzbischof Gerhard II. 1262 Abriss der Burg, da sie innerhalb des durch den

»Hamburger Freibrief« geschützten Bannkreises liegt. Dafür 1311 Bau der Hatzburg bei Wedel.

1297	Erstmalige Erwähnung des »Kerspell Nigenstede« (Kirchspiel Nienstedten)
31.12.1301	Erste urkundliche Erwähnung von Blankenese im Zusammenhang mit der Blankeneser Fähre
1317	Erste urkundliche Erwähnung von »Othmarshusen« (Othmarschen)
1401	Verhaftung Klaus Störtebekers unter Mithilfe eines Blankeneser Fischers
1535 UND 1557	Die Blankeneser Fischer streiten sich mit den Hamburger Amtsfischern um den Fischgrund zwischen Nienstedten und Blankenese.
MITTE DES 16. JH.	Othmarschen ist zu einer kleinen Ansiedlung im Gebiet der heutigen Ansorgestraße angewachsen.
AB 1612	Erwerb von Bauernhöfen und Errichtung von Landhäusern durch wohlhabende Hamburger und Altonaer Kaufleute sowie Immigranten aus den Niederlanden entlang der Elbe zwischen Altona und Blankenese
1618–1648	Dreißigähriger Krieg: Verwüstung vieler Bauernhöfe in der Grafschaft Pinneberg durch die kaiserlichen Truppen unter den Heerführern Tilly und Wallenstein; Pestepidemie (1627–1629)
11.10.1634	Eine große Sturmflut (»zweite Mandränke«) spült die Landzunge »Blankeneser Ordt« fort.
15.11.1640	Nach dem Aussterben der männlichen Linie der Schauenburger Grafen fällt Holstein und damit Blankenese an die dänischen Könige.
AB 1660	Unter dem Schutz des dänischen »Danebrog« (der dänischen Nationalflagge) blüht die Blankeneser Fischerflotte. Ansiedlung Blankeneser Fischer im Mühlenberger Tal

10

AB 1710	Bildung der ersten deutschen Hochseefischereiflotte durch Blankeneser Fischer
AB 1785	Caspar Voght erwirbt mehrere Höfe im dänischen Holstein, um ein landwirtschaftliches Mustergut zu schaffen.
1791	Eröffnung des Hotels Louis C. Jacob
AB 1795	Beginn der Blankeneser Frachtschifffahrt
AB 1806	Niedergang der Blankeneser Fischerflotte durch die napoleonische Kontinentalsperre (Hamburger Franzosenzeit 1806–1814)
FEBRUAR 1837	Der letzte – unrentable – Blankeneser Fährbetrieb wird eingestellt. Die Zeit der Dampfschifffahrt beginnt.
20.10.1837	Eröffnung des ersten Milchausschanks auf dem Süllberg
1842	Eröffnung der ersten Blankeneser Landungsbrücke für den Dampferverkehr. Ihren Namen »Bull'n« erhält sie von der ersten Fähranlegestelle, die aus einem festgemachten, »bulligen« Transportschiff mit Holzsteg zum Ufer besteht.
AB 1850/60	Zunehmend logieren Städter während ihres Sommerurlaubs in den Fischerhäusern im Treppenviertel.
1857	Das Altonaer Wasserwerk am Baursberg wird errichtet.
1864	Deutsch-Dänischer Krieg. Preußen und Österreicher besiegen die Dänen.
1866/67	Die Elbvororte und Altona werden preußisch und der Provinz Schleswig-Holstein zugeordnet.
1867	Eröffnung der Bahnlinie Altona–Blankenese mit Dampflokomotiven, seit 1908 Bahnbetrieb mit elektrischem Antrieb
3.7.1877	Verhängung eines (oftmals ignorierten) Nacktbadeverbots am Elbstrand bis Oevelgönne
1888	Johannes Andreas Breckwoldt startet den Betrieb des

	»Badeschiffs für Herren und Damen« beim Bull'n (der Betrieb wird 1901 eingestellt).
19.8.1896	Einweihung der Blankeneser Kirche
1899—1921	Betrieb einer elektrischen Straßenbahn auf der Linie Altona–Blankenese
1.4.1910	Die Gemeinde Blankenese erwirbt den Bismarckstein als ersten Gemeindepark. Weitere Erwerbungen für gemeinschaftliches Grün folgen.
1.7.1927	Die Elbvororte werden gegen den großen Protest der Bevölkerung (»Rettet uns vor Altona«) nach Altona zwangseingemeindet.
1.4.1937	Altona und damit die Elbvororte werden nach Hamburg eingemeindet.
1941/42	Die Inseln Böhaken und Kleiner Schweinesand werden abgebaggert und im Mühlenberger Loch für die »Wasserrollbahn« der Flugbootwerft Blohm + Voss zur Insel Neßsand aufgeschüttet.
1.3.1959	Start der Blankeneser Kleinbuslinie 48 (»Bergziegen«)
1975	Fertigstellung des neuen Elbtunnels, einhergehend mit dem Ausbau der Autobahn 7
29.11.1984	Inbetriebnahme des Richtfeuers Blankenese für die 8140 Meter lange Richtfeuerstrecke Grünendeich–Blankenese (Leuchttürme am Strand und auf dem Kanonenberg)
1995	Die Elbschlossbrauerei stellt nach 114 Jahren den Betrieb ein.
1999	Bei Baggerarbeiten zur Vertiefung der Elbe wird der Findling »Alter Schwede« entdeckt.
2007—2009	Neugestaltung des Blankeneser Bahnhofsplatzes

OTHMARSCHEN (OST)

1

Gottorpstraße ★ Kleingartenverein / Überdeckelung A7 ★ Röperhof ★ Christuskirche ★ Dorfkern ★ Rulantweg ★ Landhaus Gebauer ★ Landhaus Weber ★ Övelgönne ★ Strandperle ★ Brandt'sches Säulenhaus ★ »Alter Schwede« / Schröders Elbpark ★ Landhaus Thornton

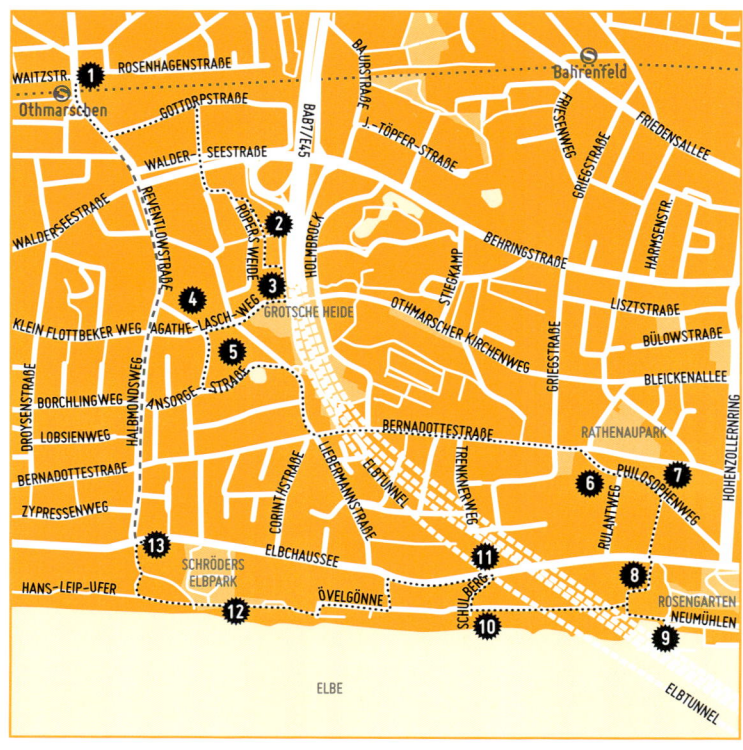

Unser erster Rundgang führt durch den östlichsten der sogenannten Elb-vororte – durch Othmarschen. Geprägt von großzügigen Grundstücken und eleganten Villen ist Othmarschen heute nicht mehr als das kleine Bauerndorf zu erkennen, das es noch bis Ende des 19. Jahrhunderts war. Die Nähe zu den Städten Altona und Hamburg sowie die günstige Verkehrsanbindung, die seit Ende des 19. Jahrhunderts existierte, zog betuchte Altonaer und Hamburger gleichermaßen an, woran sich in den letzten einhundert Jahren nicht viel geändert hat. Beim Anblick der prachtvollen Gebäude ahnt man schnell, dass Othmarschen zu den Hamburger Stadtteilen mit den höchsten Grundstücks- und Immobilienpreisen gehört.

Begrenzt wird Othmarschen im Osten von Ottensen, nach Süden durch die Elbe, im Westen schließt der Elbvorort Nienstedten an, und im Norden, getrennt durch die S-Bahn-Linie, liegen Bahrenfeld und Groß Flottbek. Allesamt gehören diese Stadtteile zum Bezirk Altona. Auch Övelgönne ist Teil Othmarschens. Der Charme der alten Fischer- und Lotsenhäuser lässt hier die Atmosphäre einer längst vergangenen Zeit noch gut spüren.

Zur Namensgebung Othmarschens gibt es mehrere Deutungen. Nachdem Karl der Große im 8. Jahrhundert die Sachsen, zu denen auch die Holsten gehörten, besiegt hatte, ließ er das Land zum Teil von Franken besiedeln. Orte mit den Endungen »-heim« und »-husen« weisen auf solche fränkischen Siedlungen hin. Im Falle von »Othmarshusen« wäre dann ein Mann namens Othmar der Dorfgründer gewesen.

Eine andere Version bringt den Ritter Otto von Bahren aus dem 13. Jahrhundert ins Spiel, der möglicherweise auch dem nicht weit entfernten Bahrenfeld den Namen gab. Er war in Ottensen ansässig und hatte seine Marschweiden am nahe gelegenen Elbufer. Aus der früheren Bezeichnung »Ottos Marschen« könnte dann im Laufe der Zeit die heutige Bezeichnung

1 BAHNHOF OTHMARSCHEN, 1907

Othmarschen entstanden sein. 1317 wird »Othmarshusen« erstmalig urkundlich erwähnt. Bei dem Dokument handelt es sich um eine Urkunde des Vizedekans des Domkapitels Hamburg, der darin die Genehmigung für einen Landtausch erteilt. Im Gegensatz zu den umliegenden Orten ist dies ein sehr spätes Datum für ein erstes schriftliches Zeugnis. Bahrenfeld findet bereits 1256 Erwähnung, Nienstedten 1297, Flottbek 1305 und Ottensen 1310.

Das Gebiet des ursprünglichen Bauerndorfes lag in einer waldreichen Gegend am Elbhochufer. Zum Dorfkern gehörte auch der Dorfteich sowie die »tausendjährige Eibe«, die die traditionsreiche Geschichte Othmarschens erahnen lässt (vgl. Station 5). Die Gemarkung Othmarschen war von mehreren Wasserläufen durchzogen. Hier flossen die Flottbek, die Röbbek und die Teufelsbek. An die Röbbek erinnert nur ein Straßenname, die anderen beiden Gewässer sind noch im Jenischpark kenntlich.

Wie Ottensen gehörte Othmarschen einst zur Hamburger Kirchengemeinde St. Petri. Mit dem Bau einer eigenen Kirche in Ottensen 1548 erfolgte die Trennung von dem Hamburger Kirchspiel. Der Grund für den
Neubau und die Lossagung von Hamburg war sehr einfach: Die Otten-
ser, Bahrenfelder und Othmarscher sollten ihre Toten auf dem Armen-
friedhof der Kirchengemeinde St. Petri begraben, was für die stolzen
Dorfbewohner aber nicht infrage kam. Im Jahr 1900 erhielt Othmarschen schließlich eine eigene Kirche. Die Christuskirche (vgl. Station 4)
wurde von dem Freiherrn Conrad Hinrich III. von Donner (1876–1937)
gestiftet.

Zu einer deutlichen Veränderung des Stadtteils führte 1867 die Eröffnung der Eisenbahnlinie Altona–Blankenese mit Haltestellen entlang der
Strecke, die das Wohnen außerhalb der Städte Hamburg und Altona erst
interessant machte. Mit den ersten Haltestellen wie der 1882 eingerich-
teten Bedarfshaltestelle Groß-Flottbek-Othmarschen (Abb. 1) entstanden
nun beiderseits der Bahnlinie, weitab vom Dorfkern und auch den Villen
an der Elbchaussee, großzügige Villenanlagen. So kaufte 1883 der Kaufmann und Spekulant Ferdinand Ancker Land entlang der Eisenbahnlinie
und gründete die Immobiliengesellschaft »Terrain-Consortium«, um die
elegante Villenanlage Neu-Othmarschen zu bauen. 1896/97 folgte die Errichtung der Villenkolonie Hochkamp (Abb. 2+3).

2+3 VILLENKOLONIE HOCHKAMP, VILLA FRIEDENSWEG 33 UND HAUS SIEVEKING

4 GOTTORPSTRASSE, 1920

Othmarschen wurde wie auch Bahrenfeld 1890 nach Altona eingemeindet, die übrigen Elbdörfer (Flottbek, Nienstedten, Blankenese und Rissen) folgten zusammen mit den Geestgemeinden Osdorf, Iserbrook, Sülldorf, Lurup und Eidelstedt erst 1927. Durch das Groß-Hamburg-Gesetz von 1937 wurde Altona und mit ihm die Elbgemeinden dann Bestandteil der Einheitsgemeinde Hamburg.

In Othmarschen bereichern heute eine Vielzahl von Kindergärten und Schulen das Stadtteilleben. Insgesamt gibt es drei Gymnasien, zu denen auch das älteste, das bereits 1744 in Altona gegründete Christianeum, gehört. Das alte Schulgebäude musste 1971 im Zuge des Elbtunnelbaus weichen. Ein neuer funktionaler Bau wurde 1974 in Othmarschen an der Otto-Ernst-Straße eingeweiht.

Othmarschen ist einer der grünsten Stadtteile Hamburgs. Ruhig und doch zentrumsnah, ist es vor allem für Familien und Senioren ein attraktiver Standort, den man sich freilich leisten können muss. Die Nähe zur Elbe wie auch die Parks bieten viele Freizeitmöglichkeiten an der frischen Luft. Zudem sorgt die hohe Dichte an schulischen bzw. erzieherischen Einrichtungen dafür, dass Othmarschen bei Familien beliebt ist.

 ## GOTTORPSTRASSE

Unser Weg beginnt am S-Bahnhof Othmarschen. Parallel zum Schienenverlauf befindet sich hier die beliebte Einkaufsstraße Othmarschens, »die Waitze«, wie die Waitzstraße allgemein nur kurz genannt wird. Genau genommen gehört die Straße nicht mehr zu Othmarschen, sondern zu Groß Flottbek, ist aber dennoch die zentrale Einkaufsmöglichkeit der Othmarscher und wird als zum Stadtteil gehörig wahrgenommen.

Wir gehen zunächst ein kurzes Stück die Reventlowstraße Richtung Elbe entlang und biegen dann links in die Gottorpstraße ein.

Die Gottorpstraße, die entlang eines ehemaligen von Othmarschen nach Bahrenfeld führenden Feldwegs verläuft und von zahlreichen Villen gesäumt ist, entstand 1898, und da man gerade den fünfzigsten Jahrestag der schleswig-holsteinischen Erhebung feierte, wurde sie nach Schloss Gottorf bei Schleswig benannt (Abb. 4). Das Haus mit der Nummer 1 (Abb. 5) wurde in den Jahren 1972 bis 1974 nach den Plänen des Architekten und

5+6 GOTTORPSTRASSE 1+3

18

Bildhauers Thomas Darboven – dem Großcousin von »Kaffeekönig« Albrecht Darboven – errichtet und befindet sich mit der dazugehörigen Gartenanlage auf der Liste der Hamburger Kulturdenkmäler. Es folgen zwei Landhäuser mit den Nummern 3 (Abb. 6) und 5, die in den 1920er Jahren nach Entwürfen der Architekten Heinrich Esselmann (1890–1942) aus Altona und Max Gerntke (1895–1964) aus Hamburg errichtet wurden und sich durch ihre expressionistischen Fassaden auszeichnen. Beide Architekten wirkten unter anderem beim Umbau der Schilleroper 1932 in St. Pauli mit.

Wir gehen nun weiter vor bis zur Noerstraße, in die wir nach rechts einbiegen, und setzen unseren Weg bis zur Walderseestraße, dem Zubringer zur Autobahnauffahrt Hamburg-Othmarschen, fort. Der Bau der Autobahn sowie des Elbtunnels und die damit einhergehenden städtebaulichen Veränderungen haben diesen Teil Othmarschens seines ländlichen Charmes leider vollkommen beraubt.

Wir überqueren die Walderseestraße und gelangen auf der anderen Seite in die Röpers Weide.

2 KLEINGARTENVEREIN/ÜBERDECKELUNG A7

An der Röpers Weide befindet sich der Kleingartenverein Holmbrook e.V., auf dessen Gelände wir gelangen, indem wir nach dem S-förmigen Schwung der Straße links in den schmalen Fußweg abbiegen. Im Hintergrund kann man die Lärmschutzmauer der Autobahn A7, zu der uns der Weg durch die Kleingartenanlage führt, bereits erkennen.

Für die kommenden Jahre ist von hier aus Richtung Westen die Verbreiterung der Autobahn geplant, die dem stetig wachsenden Verkehrsaufkommen Rechnung tragen soll. Dieser Ausbau erfordert neue Lärmschutzmaßnahmen, denn für die erweiterte Autobahn würde eine Lärmschutzwand nicht mehr ausreichen. Seit Jahren diskutiert, befindet sich der als »Hamburger Deckel« oder auch »A 7-Deckel« bekannte Lärmschutz nun in der konkreteren Planungsphase (Abb. 7). Insgesamt sollen

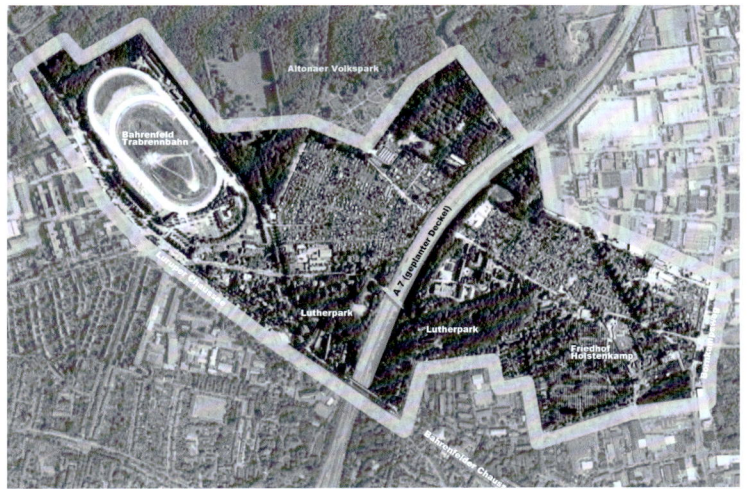

7 RAHMENGESTALTUNGSPLAN FÜR DEN A7-DECKEL

drei einzelne Tunnelabschnitte entstehen, die eine dreieinhalb Kilometer lange Strecke in den Bereichen Schnelsen, Stellingen und Bahrenfeld/Othmarschen unter die Erde bringen werden. Das Projekt versteht sich allerdings nicht allein als Lärmschutzmaßnahme, sondern soll vielmehr neue Möglichkeiten der Stadtentwicklung bieten. Die Planung sieht eine Begrünung dieser Flächen vor, die zum einen als Parks gestaltet werden, zum anderen sollen nach dem Willen der Planer aber auch die an der Autobahntrasse gelegenen Kleingärten auf den Autobahndeckel umziehen. Die derzeit durch Kleingärten genutzten und dann lärmberuhigten Flächen sollen am Ende für den Bau von Wohnhäusern freigegeben werden.

Gestartet werden soll mit der Überdeckelung 2014 in Schnelsen. Die Gesamtkosten des Projekts betragen aufseiten des Bundes etwa 420 Millionen Euro. Der Anteil der Stadt Hamburg beläuft sich auf ungefähr 167 Millionen Euro. Die Stadt erhofft sich durch den Bau der Wohnungen in den beruhigten Gebieten eine Entlastung des Haushalts bzw. eine Refinanzierung in Höhe von etwa 127 Millionen Euro.

Das Teilstück Bahrenfeld / Othmarschen ist mit gut zwei Kilometern der längste Bauabschnitt der neuen Tunnelanlagen. Der Baubeginn ist nicht vor 2019 geplant, ein Planfeststellungsverfahren für diesen Bereich soll 2015 starten. Idealerweise soll zukünftig ein Grünzug vom Volkspark bis zur Elbe die Schneise verschließen, die die Autobahn bislang gebildet hat. Neben dem öffentlichen Grünzug ist wie bereits erwähnt ein Kleingartenpark für den Umzug der Kleingärten mit Platz für insgesamt 250 Parzellen vorgesehen. Die Flächen in den dann lärmberuhigten benachbarten Stadtteilen sind als Baufläche für etwa 1700 bis 2000 neue Wohnungen gedacht. Für die Überbauung der Autobahn wird eine 1,4 Meter dicke Betondecke, die pro Quadratmeter bis zu 4,5 Tonnen Gewicht tragen können soll, auf tragende Wände gesetzt. Zwar ist für diesen Bereich eine Wohnbebauung ausgeschlossen, aber leichtere Bebauungen sollen möglich sein. Für die Bepflanzung wird auf den Beton ein neues Erdreich von 1,2 Metern Tiefe aufgeschüttet. Lediglich zwischen der S-Bahn-Station Othmarschen und dem Elbtunnel werden am Ende etwa 500 Meter verbleiben, die nicht übertunnelt, dafür jedoch mit Lärmschutzwänden versehen werden sollen.

Kritische Stimmen zu dem Autobahnerweiterungs- und Überdeckelungsvorhaben gibt es aus verschiedenen Richtungen. Die achtzig Parzellen der Kleingartenvereine »Heimgartenbund Altona« und »Bahn-Landwirtschaft« müssten nach den Plänen der Behörde auf den Deckel Altona oder an Alternativstandorte verlegt werden. Die Kleingartenbesitzer sind besorgt, dass unter anderem das Wurzelwerk der Pflanzen und Bäume auf dem Deckel nicht genügend Raum hat.

Im Bereich des Deckelabschnitts Stellingen werden bereits in der Planungsphase die ersten Probleme deutlich. Der Deckel wird nämlich in diesem Bereich nicht wie geplant ebenerdig installiert werden können, sondern ragt drei Meter aus dem Straßenniveau heraus. Anwohner werden deshalb zukünftig statt auf eine Grünfläche auf Betonwände blicken. Dafür schauen die Nutzer der späteren Grünfläche direkt in den ersten

Stock der angrenzenden Wohnhäuser. Eine Absenkung der Fahrbahn, mittels deren der Deckel niedriger angesetzt werden könnte, müsste vom Bund bezahlt werden, der diese Mehrkosten allerdings nicht tragen will. Und auch die Autofahrer sehen das Projekt kritisch. Sie fürchten extreme Verkehrsbehinderungen während der Bauzeit.

Neben der Schneise für die Autobahn dominiert seit nunmehr über vierzig Jahren ein anderes Bauwerk die Kulisse Othmarschens: das Allgemeine Krankenhaus Altona an der Paul-Ehrlich-Straße 1 (Abb. 8). Das schwarze Scheibenhochhaus wurde von Werner Kallmorgen (1902–1979) entworfen und in der Zeit von 1961 bis 1970 errichtet. In der Nachkriegszeit war Kallmorgen zunächst am Wiederaufbau der Speicherstadt beteiligt. Unter anderem stammt von ihm der Entwurf für den Kaispeicher A, auf dem die Elbphilharmonie thront. Neben öffentlichen Gebäuden entstanden unter der Mitwirkung Kallmorgens auch mehrere Wohnsiedlungen.

22 Im Kontrast zur funktionalen Fassade des AK Altona steht der Röperhof (Abb. 9+10) am Agathe-Lasch-Weg 2, zu dem wir am Ende unseres Gangs durch die Kleingartenanlage gelangen. Der Röperhof ist ein Überbleibsel des bäuerlich strukturierten Dorfs Othmarschen und befindet sich nahe dem ehemaligen Dorfkern.

3 RÖPERHOF

Im Mittelalter war Othmarschen ein kleines Bauerndorf mit wenigen Höfen im Gebiet des heutigen Agathe-Lasch-Wegs. Klein und unbedeutend, gehörte das Dörfchen zur Hamburger St.-Petri-Gemeinde und seit 1547/48 zum neuen Kirchspiel Ottensen. Bis es 1640 unter dänische Herrschaft kam, war Othmarschen Bestandteil der Grafschaft Pinneberg. Zu Beginn des 18. Jahrhundert zählte Othmarschen sieben Vollhöfe bzw. »Vollhufe« (Hufe bezeichnet die Hofstelle und ist zugleich ein altes deutsches Flächenmaß, das regional stark variieren kann; eine Hufe entspricht ungefähr acht bis zwanzig Hektar und konnte eine Bauernfamilie ernähren), von denen sich seit 1701 einer im Besitz der Familie Röper befand. Die Röpersche Hofanlage war in typischer niederdeutscher Weise mit Haupthaus, Scheune, überdachtem Backofen und Abschiedshaus (dem Haus der Altenteiler) errichtet worden. Der reetgedeckte Röperhof am Agathe-Lasch-Weg ist heute das letzte Zeugnis der einstmals hier ansässigen landwirtschaftlichen Betriebe.

Bei dem Hauptgebäude handelt es sich um ein niederdeutsches Fachhallenhaus mit zweigeschossigem Querhaus. In einem Hallenhaus sind alle zentralen Funktionen wie Wohnung, Stallraum und Erntelager in einem großen hallenartigen Raum untergebracht. Im zweigeschossigen Querhaus befanden sich die Wohn- und Schlafräume, die ursprünglich von der Diele (Halle) nicht abgetrennt waren. Die Diele des Röperhofs war so groß, dass dort kleine Wagen fahren und vor allem wenden konnten. Das noch heute existierende Gebäude stammt aus dem Jahr 1759. Dabei handelt es sich um den Wiederaufbau eines bei einem Brand zerstörten Vorgängerbaus.

9+10 RÖPERHOF, RÜCKSEITE UND SCHEUNE

Der zentrale Raum des Hofs war das Flett, also der Küchenbereich, der gleichzeitig auch Aufenthaltsraum für die Familie und das Gesinde war. Im Röperhof wurde nachträglich eine Holzwand zwischen Diele und Flett eingezogen. Zuvor gab es nur ein Gitter, das das Kleinvieh von der Küche fernhielt; ansonsten war die Küche direkt mit der Diele verbunden.

In der Mitte des Fletts befand sich im Boden eine etwa anderthalb Quadratmeter große Feuerstelle, die durchgängig in Betrieb war. Sie diente als Kochstelle und als Heizung für die anliegenden Räume. Gleichzeitig vertrieb der Rauch das Ungeziefer, konservierte das Dachgebälk sowie die dort aufgehängten Würste und Schinken.

Im 19. Jahrhundert wurden Schornsteine zur Pflicht, sodass ein Wandherd eingebaut werden musste. Da der Rauch direkt durch den Schornstein abzog, wurde der Stallgeruch nun viel deutlicher wahrnehmbar und sollte durch eine neu eingezogene Holzwand ferngehalten werden. Leider begünstigte die Einführung von Schornsteinen die Feuchtigkeitsbildung im Haus und somit im Gebälk, was wiederum zu einem Befall mit Holzschädlingen führte. Im 20. Jahrhundert mussten deshalb viele Holzteile ausgetauscht und erneuert werden.

Das Hauptnahrungsmittel der damaligen Dorfbevölkerung waren Getreide- und Buchweizenprodukte, jedenfalls bis zur Einführung der Kartoffel in Europa. Für Schleswig-Holstein ist seit 1761 der Anbau von

11 CHRISTUSKIRCHE UND MISSION, 1910

Kartoffelpflanzen nachgewiesen. Entsprechend bauten Othmarscher Bauern vorwiegend Getreide an, das sie zum Mahlen in die weit entfernte Eidelstedter Mühle bringen mussten, obwohl die Rolandsmühle an der Grenze zu Ottensen viel näher lag – bis 1854 herrschte »Mühlzwang« in Holstein, der den Grundherren das alleinige Recht zum Bau und Betreiben einer Mühle sicherte.

Nach dem Zweiten Weltkrieg gab es in Othmarschen nur noch zwei landwirtschaftliche Betriebe. Der Landbesitz war inzwischen so klein, dass eine rentable Bewirtschaftung nicht mehr möglich war. Das verbliebene Land wurde als Bauland verkauft und der Agrarbetrieb eingestellt. Nur das Gebäude des Röperhofs ist als einziges Gebäude der alten landwirtschaftlichen Betriebe erhalten geblieben.

Der Bau des Elbtunnels führte schließlich zum Verkauf weiterer Flächen inklusive des Areals, auf dem sich das Altenteil befunden hatte. Dieses wurde im Zuge der Baumaßnahmen abgerissen. Nach dem Bau der Autobahn und des Elbtunnels war auch das noch existierende Hauptgebäude vom Verfall bedroht, bis 1982 gemeinsam mit der Familie beschlossen

wurde, das Hofgebäude denkmalgerecht zu sanieren. Mit viel Engagement und Eigeninitiative konnte 1988 im Röperhof ein Café eröffnet werden. Neben der Gestaltung von Büro- und Atelierflächen folgte 1996 das Restaurant Röperhof. 1998 wurde ein Bauerngarten angelegt, und im Jahr 2000 konnte die Röperhof Stiftung ins Leben gerufen werden.

Wir gehen nun den Agathe-Lasch-Weg weiter, bis wir zur Einmündung des Roosens Wegs beidseits der Straße kommen. An dieser Gabelung steht rechts die evangelisch-lutherische Christuskirche (Roosens Weg 28).

4 CHRISTUSKIRCHE

Die Christuskriche wurde durch den Altonaer Bankier Freiherr Conrad Hinrich III. von Donner, Enkel des Gründers der Conrad Hinrich Donner Bank und Mitbegründer der Commerzbank, der Hongkong & Shanghai Banking Corporation (HSBC) sowie der Hamburgischen Electricitäts-Werke AG, gestiftet. Wenn man einer Aufstellung des »Berliner Tageblatts« aus der Zeit Glauben schenkt, war Freiherr von Donner um 1900 gleich hinter Cornelius Vanderbilt und John D. Rockefeller einer der reichsten Männer der Welt. Verheiratet war er mit Bodhild Mimi von Donner, geb. Gräfin von Holstein-Holstenberg, einer Cousine von Kaiserin Auguste Viktoria.

Der Grundstein zur Christuskirche wurde am 14. Juni 1898 gelegt, errichtet wurde die Kirche nach den Entwürfen von Albert Petersen unter Verwendung von hellem Naturstein (Lavakrotzen und Weiberner Tuffstein) anstelle des sonst im Hamburger Raum üblichen roten Backsteins (Abb. 11). Die vorherrschenden romanisierenden bzw. frühgotischen Formen nehmen nach dem

12 CHRISTUSKIRCHE HEUTE

ausdrücklichen Wunsch des Stifters Formen englischer Kirchen der Zeit auf. Die Einweihung der Kirche fand am 5. Juni 1900 statt.

1956 erfolgte ein Umbau der Kirche nach Entwürfen von Jürgen Elingius, dem Sohn des bekannten Hamburger Architekten Erich Elingius, der die Erweiterung um ein Gemeindezentrum umfasste (Abb. 12). Eine Besonderheit stellt die 1936 von Rudolf von Beckerath erbaute Orgel dar, die von Hermann F. Reemtsma gestiftet wurde. Die bis dahin genutzte Röver-Orgel wurde im gleichen Jahr nach Eberswalde verkauft und steht dort noch heute in der Friedenskirche. Und eine weitere kleine Sehenswürdigkeit birgt der seit 2009 hell gestrichene Innenraum: 1953 stiftete Hermann Reemtsma der Kirche einen Abguss von Ernst Barlachs 1931 entstandener Bronzefigur »Lehrender Christus«.

Bei den umliegenden Gebäuden handelt es sich um ein Kindertagesheim, die Altenwohnanlage Ernst und Claere Jung Stiftung, eine Tagesförderstätte für mehrfach Behinderte sowie das Zentrum für Mission und Ökumene der Nordkirche weltweit. Besonders reizvoll wirkt die gesamte Anlage durch den sie umgebenden alten Baumbestand.

Wir folgen nun dem Roosens Weg auf der gegenüberliegenden Seite des Agathe-Lasch-Wegs Richtung Elbe und biegen an seinem Ende in die Ansorgestraße ein. Das Gebiet, das wir dabei durchstreifen, entspricht weitgehend dem alten Dorfkern Othmarschens.

13+14 ANSORGESTRASSE 10 UND SCHLESWIG-HOLSTEIN-DENKMAL

15 DORFTEICH, 1907

 **DORFKERN**

Das gründerzeitliche Häuschen Ansorgestraße 24 gleich rechter Hand bei der Einmündung des Roosens Wegs in die Ansorgestraße gehörte einst zur Booth / Ansorgschen Gärtnerei, die der Straße den Namen gab und das gesamte Gelände zwischen Jenischpark und dem alten Dorfkern Othmarschen umfasste, von wo aus sie die Elbvororte mit Bäumen und Pflanzen versorgte.

Wir folgen nun der Ansorgestraße nach links und gelangen nach einigen Metern zum Fachwerkhaus Ansorgestraße 10 (Abb. 13), das Anfang des 19. Jahrhunderts errichtet wurde und an dieser Stelle rekonstruiert worden ist. Gegenüber erinnern das Reetdachhaus und der heute stark zugewachsene Dorfteich an ein längst vergangenes Dorfleben in Othmarschen (Abb. 15).

28 An der Kreuzung Ansorgestraße / Ecke Liebermannstraße befindet sich unter einer Doppeleiche – dem Sinnbild für die Einheit Schleswig-Holsteins – das 1898 anlässlich der 50-Jahr-Feier der Erhebung Schleswig-Holsteins von den »Frauen und Jungfrauen Othmarschens« gestiftete Schleswig-Holstein-Denkmal (Abb. 14). Auf der gegenüberliegenden Straßenseite steht ein Kriegerdenkmal für die Gefallenen des Ersten Weltkriegs. Bemerkenswert ist hier die uralte Eibe, ein Wahrzeichen Othmarschens.

Durch die Liebermannstraße, die den Anwohnern einige Einkaufsmöglichkeiten bietet, führt unser Weg nun einige Hundert Meter die Bernadottestraße entlang bis zum Philosophenweg, von wo nach wenigen Metern auf der rechten Seite der Rulantweg abzweigt.

6 REIHENHÄUSER AM RULANTWEG

Die Reihenhäuser am Rulantweg 2–16 (Abb. 17) wurden 1927 von Gustav Oelsner erbaut und stellen typische Vertreter des Neuen Bauens dar. Gleichzeitig wird hier Oelsners Liebe zum gelb-bunten Klinker deutlich.

Gustav Oelsner (1879–1956, Abb. 16) war Architekt und Stadtplaner. Seine Arbeit in Altona begann 1923 mit dem Auftrag, einen Generalbebauungsplan für Hamburgs Nachbarstädte Altona, Wandsbek und Harburg zu erstellen. Dieser sah unter anderem einen Grüngürtel für Altona sowie die Einrichtung des Elbwanderwegs vor. Durch die Eingemeindung der Elbvororte nach Altona 1927 wurde die Erhaltung der Parks entlang der Elbchaussee vereinfacht und »Altona die grünste Stadt Deutschlands«, wie Gustav Oelsner vermerkte. Das Gesamtwerk Oelsners im Bezirk Altona umfasste insgesamt 27 größere bauliche Anlagen, von denen 24 erhalten sind, so unter anderem die Reihenhauszeile im Rulantweg. Hier wird deutlich, wie stark Oelsners Architekturauffassung zum »Neuen Bauen« hin orientiert ist. Seine Gebäude sind durchweg vom Spiel der sachlichen Form mit farbigen Klinkern und

16 GUSTAV OELSNER (1879–1956)

unterschiedlichen Materialien geprägt. Gleichzeitig strebte Oelsner eine Verbesserung der Lebensbedingungen für die Bewohner der Stadtwohnungen an. »Licht, Luft und Sonne« – unter dieser Devise sollten Wohnungsneubauten für alle Bevölkerungsschichten gestaltet sein.

17 REIHENHÄUSER AM RULANTWEG

Die moderne Reihenhauszeile stammt aus dem Jahr 1927 und war für die mittlere Einkommensklasse ausgelegt. Die zu jedem Haus gehörenden Grundstücke sind jeweils 300 Quadratmeter groß. Ein schmaler Vorgarten bildete den Übergang zum öffentlichen Weg.

Kubische Formen und das Spiel mit Material und Farbe prägen den Bau. Hier treffen die von Oelsner häufig verwendeten gelbbunten Klinker auf eine hellblau gestrichene Holzverschalung. Das Dachgeschoss hebt sich durch einen den typischen Staffelgeschossen der Zeit ähnlichen Versatz ab. Die acht Häuser sind paarweise angeordnet und verfügten jeweils über eine Wohnfläche von 136 Quadratmetern. Für die späten 1920er Jahre boten die Reihenhäuser eine extrem hohe Wohnqualität, die den Ansprüchen von Oelsner Wohnungsbaupolitik entsprach.

Oelsners Wirken ist eng mit der Stadt Altona verknüpft. Im März 1924 wurde er dort zum Bausenator unter dem damaligen Bürgermeister Max Brauer ernannt. Dem Zusammenwirken der beiden ist es zu verdanken, dass die herrschaftlichen Parks an der Elbe in den 1920er Jahren nicht allesamt parzelliert und als Bauland verkauft wurden. Mehrere Grundstücke an der Elbe wurden damals durch die Stadt aufgekauft und in öffentliche Parks verwandelt.

Während seines Architekturstudiums in Berlin hatte Gustav Oelsner Einblick in medizinisch-hygienische Reformbestrebungen im Gesundheitswesen bekommen. Auch hatte er sich während seiner Zeit als Stadtbaurat in Kattowitz (1911–1922) intensiv mit den Ideen der Gartenstadtbewegung auseinandergesetzt und definierte früh die Grundzüge seiner Vorstellungen eines »sozialen Grüns«. Vor allem als Bausenator in Altona nutzte er dann seine Chance, diese in der Stadtplanung und Architektur umzusetzen.

Seine Amtszeit in Altona wurde von der nationalsozialistischen Machtergreifung jäh unterbrochen. Wie sein Hamburger Kollege Fritz Schumacher wurde Oelsner im März 1933 aus dem Dienst entlassen. Vorwand dafür war ein angeblicher Dienstmissbrauch, von dem er zwar ein Jahr später freigesprochen wurde, jedoch konnte er nicht wieder in sein Amt zurückkehren und wurde mit 55 Jahren zwangspensioniert. Über die sogenannten »Ariernachweise« wurde seine jüdische Herkunft öffentlich. 1939 verließ Oelsner Deutschland, um eine beratende Position beim Türkischen Ministerium für öffentliche Arbeiten in Ankara zu übernehmen. Unter anderem wirkte er hier an dem Aufbau eines Lehrstuhls für Städtebau an der technischen Universität in Ankara mit und war von 1943 bis 1949 Professor für Städtebau an der Akademie der schönen Künste in Istanbul.

Auf Bitten des neu gewählten Ersten Bürgermeisters der Stadt Hamburg, Max Brauer, beendete Gustav Oelsner seine Tätigkeit in der Türkei 1949 und kehrte nach Hamburg zurück, um im Auftrag der Hamburger Baubehörde beim Wiederaufbau der Stadt tätig zu werden. 1952 zog er sich mit 73 Jahren aus dem aktiven Berufsleben zurück und starb 1956. Oelsner wurde auf dem Ohlsdorfer Friedhof neben Fritz Schumacher, seinem langjährigen Freund und Kollegen, beerdigt.

Wir gehen nun den Philosophenweg weiter geradeaus, bis wir bei der Hausnummer 18 zum Landhaus Gebauer kommen, das sich hinter dichtem Baumbestand gut versteckt hat.

7 LANDHAUS GEBAUER

Das Landhaus Gebauer, das im Auftrag des Altonaer Kaufmanns und Bankiers Anton Friedrich Gebauer erbaut wurde, ist eines der vielen Zeugnisse des Wirkens von Christian Frederik Hansen (1756–1845) in den Elbgemeinden.

1806 erwarb Gebauer hier am Rolandsberg zwei unbebaute Grundstücke und erteilte C.F. Hansen den Auftrag, ein Landhaus zu errichten. Zu diesem Zeitpunkt stand auf dem Hügel oberhalb der Elbe noch eine Windmühle. Vermutlich hat Hansen sich durch dieses ländliche Ambiente zu einem seiner außergewöhnlichsten Bauten inspirieren lassen. Der Entwurf Hansens orientierte sich an typischen ländlichen Elementen – Strohdach und Fachwerk –, wie sie zu der Zeit besonders in England und Frankreich in Mode waren. Das Haus besteht aus einem schlichten zylinderförmigen zweigeschossigen Baukörper mit kegelförmigem Strohdach.

Die einfache »Hütte« wurde von Hansen jedoch auch mit klassischen Elementen eines Landhauses ausgestattet. Dreigeteilte, venezianische Fenster, antikisierende Reliefs und ein elegantes Zahnschnittgesims oberhalb des ersten Stocks zieren den Bau.

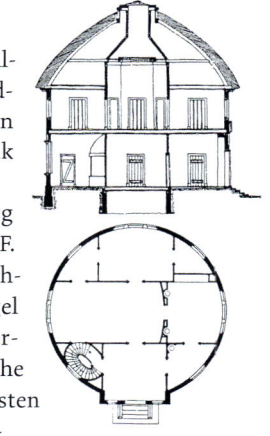

18 LANDHAUS GEBAUER, URSPRUNGSSCHNITT UND GRUNDRISS

19 LANDHAUS GEBAUER

20+21 MUSEUMSHAFEN OEVELGÖNNE UND TYPISCHE VERANDA AM UFERWEG

1871 wurde der Bau um ein weiteres Stockwerk erhöht. Durch das dabei entstandene flache Dach hat der einst fast filigrane Bau viel von seiner Anmut verloren (Abb. 19). Dennoch gehört er aufgrund seines kreisförmigen Grundrisses zu den ungewöhnlicheren Landhäusern (Abb. 18). Nachdem es lange Zeit dem Verfall anheimgegeben war, wurde das stark beschädigte Gebäude 1990 von einem Privatmann gekauft und mit großer Sorgfalt renoviert.

Direkt gegenüber dem Landhaus Gebauer befindet sich der Katzenstieg, der uns direkt zur Elbchaussee führt.

8 LANDHAUS WEBER

An der Elbchaussee angelangt, kann nun, wer möchte, ein paar Schritte elbabwärts bis zur Hausnummer 153 gehen. Das Landhaus Weber wurde 1836/37 von Franz Gustav Forsmann (17895–1878), der auch am Bau des Jenisch Hauses mitwirkte, für einen Hamburger Bürgermeister erbaut und beeindruckt mit einer schönen Säulenloggia zur Elbe hin. Viele bauliche Details wie die zahlreichen Säulen, Kassettendecken in den Loggien und Figurenreliefs an den Wänden sind im Laufe der Jahrzehnte infolge baulicher Veränderungen vor allem während des Umbaus zu Einzelwohnungen im Jahr 1939 weitestgehend verschwunden.

Unser Weg führt nun weiter den Övelgönner Mühlenweg abwärts zum Museumshafen Oevelgönne.

9 MUSEUMSHAFEN OEVELGÖNNE

Im Museumhafen Oevelgönne (Abb. 20), an der Grenze zu Ottensen, liegen einige historische, aber noch seetüchtige Schiffe. Maschinenfahrzeuge wie das Feuerschiff Elbe 3, diverse Dampfschlepper, das Polizeiboot Ottenstreuer oder das Fährschiff Bergedorf können hier besichtigt werden. Von abenteuerlichen Segelfahrten lassen der Hochseekutter Präsident Freiherr von Maltzahn, der Ewer Elfriede und zahlreiche weitere Segelschiffe träumen. Der Verein Museumshafen Oevelgönne e.V. bemüht sich um die Erhaltung historischer Wasserfahrzeuge. So gilt zum Bespiel das Feuerschiff Elbe 3 als ältestes fahrbereites Feuerschiff der Welt. Es wurde 1888 als Leuchtschiff in Dienst gestellt und sicherte viele Jahrzehnte den Schiffsverkehr auf Weser und Elbe, bis es 1977 außer Dienst gestellt und verschrottet werden sollte. Glücklicherweise fand es den Weg in den Oevelgönner Museumshafen und wird heute liebevoll gepflegt. Detaillierte Informationen zu den Schiffen, Besichtigungstermine und die Fahrpläne für Mitfahrten auf den Traditionsschiffen lassen sich auf der Internetseite des 1976 gegründeten Vereins nachlesen (www.museumshafen-oevelgoenne.de).

Vom Museumshafen führt ein schmaler Fußweg an dem alten Fischer- und Lotsendorf Övelgönne (die historische Schreibweise lautet »Oevelgönne«) entlang, das 1674 im Kirchenbuch der Gemeinde Ottensen erstmalig erwähnt wurde. Der Weg oberhalb des Ufers trennt die Häuser von ihren Vorgärten, die direkt hinunter zum Strand führen.

22 ZUM ALTEN LOTSENHAUS

34

Die Häuser rechts des Wegs stammen zum Teil noch aus dem 18. Jahrhundert, im 19. Jahrhundert entstanden dann die Wohnhäuser mit den typischen, äußerst kunstvoll gestalteten guss- und schmiedeeisernen Veranden (Abb. 21). In ihnen wohnten vornehmlich die Lotsen, die sich hier in der ersten Hälfte des 18. Jahrhunderts niedergelassen hatten. Die 1745 gegründete Lotsenbruderschaft traf sich regelmäßig in einem seit 1801 existierenden Fachwerkhaus. Heute trägt das Gasthaus den Namen »Zum alten Lotsenhaus« (Abb. 22, Övelgönne 13).

Das idyllische Ambiente Övelgönnes lockt bei fast jedem Wetter, besonders am Wochenende, zahlreiche Spaziergänger an die Elbe. Im Sommer finden sich am Elbstrand Övelgönnes zahlreiche Grillfreunde, Hobbymusiker oder Verliebte ein, die den Sonnenuntergang über der Elbe beobachten. Der Schriftsteller und Maler Hans Leip (vgl. Exkurs) hat Övelgönne in seinem Buch »Jan Himp und die kleine Brise« ein Denkmal gesetzt. Und wer wollte den Worten des Romans widersprechen? »Es war zu Övelgönne bei Hamburg an der Elbe und ein sonniger Mainachmittag. Was wollte man mehr?«

Bevor unser Weg den steilen Schulberg wieder hinaufführt, passieren wir die »Strandperle«.

10 STRANDPERLE

Seit Anfang des 20. Jahrhunderts haben hier Ausflügler die Möglichkeit, bei einem warmen oder kalten Getränk eine Pause einzulegen. Angefangen hatte die Bewirtschaftung am Strand 1911 mit der »Altonaer Milchhalle« (Abb. 23). 1949 erhielt sie den Namen »Lührs Gaststätte«, seit 1973 heißt die Mutter aller Beachclubs »Strandperle« und zieht allabendlich sowie an den Wochenenden, jedenfalls spätestens ab Mai, die Besucherscharen an. Ein freier Stuhl ist dann meist nicht zu ergattern, aber das stört nicht. Entweder man setzt sich in den Sand oder sucht sich ein freies Plätzchen, an dem man im Stehen seine »Astra-Knolle« im Abendlicht genießen kann. Seit 2010 hat die »Strandperle« Unterstützung durch den »Strandkiosk«

23 ALTONAER MILCHHALLE, 1918 (HEUTE STRANDPERLE)

bekommen. Mehr freie Plätze gibt es dadurch aber nicht, eher sind die Gäste mehr geworden, teilweise sehr zum Leidwesen der Anwohner, auch wenn man auf ein gutes nachbarschaftliches Verhältnis Wert legt.

Für stets neue Verwirrung sorgt auch nach Jahren noch ein einzelner auf dem Wasser stehender Mann. Die Figur ist Teil eines Kunstwerks mit dem Titel »Vier Männer auf Bojen«, das der Künstler Stephan Balkenhol (geb. 1957) geschaffen hat. Die vier aus Eichenholz bestehenden, 2,40 Meter großen Figuren sind über das Stadtgebiet verteilt und befinden sich zum einen hier auf der Elbe, auf der Alster, auf der Süderelbe bei Harburg und auf dem Serrahn in der Bergedorfer Innenstadt. Die Figuren entstanden im Rahmen des Hamburger Projekts »Kunst im öffentlichen Raum«.

Nachdem wir den Schulberg erklommen haben, erblicken wir auf der gegenüberliegenden Seite der Elbchaussee das »Brandt'sche Säulenhaus« mit der Hausnummer 186 (Abb. 24).

11 BRANDT'SCHES SÄULENHAUS

Der Hamburger Russlandkaufmann und Reeder Wilhelm Brandt (1778–1832) erwarb 1817 das Grundstück und ließ darauf 1820 ein klassizistisches Landhaus nach Entwürfen des dänischen Architekten Axel Bundsen erbauen, für das ein säulengeschmücktes Schloss auf der Krim Vorbild gewesen sein soll. Später kam das Gebäude in den Besitz der Familien Burchard, von Holck und von Lösecke, bis es 1936 vollständig in Einzelwohnungen umgebaut wurde. Der Park wurde wie so viele andere Parks in der Nachbarschaft parzelliert und stückweise als Bauland verkauft. Zwischenzeitlich wurde das Landhaus von unbekannter privater Hand restauriert und seine ursprüngliche Innenraumgestaltung wiederhergestellt.

Weiter geht es nun die Elbchaussee in westlicher Richtung entlang bis zur Himmelsleiter (Abb. 25) und hier die 126 Stufen wieder hinunter zur Elbe. Das gegenüberliegende Elbufer mit den unzähligen Hafenkränen bietet dabei eine imposante Kulisse für den Abstieg zurück zum Elbstrand. Nach einigen Hundert Metern am Hans-Leip-Ufer entlang Richtung Westen kommt auf der linken Seite der älteste Gast Othmarschens ins Blickfeld.

12 »ALTER SCHWEDE«/SCHRÖDERS ELBPARK

Der große Findling am Strand von Övelgönne (Abb. 26) mit einem Umfang von 19,7 Metern, einer Höhe von 4,5 Metern und einem Gewicht von 217 Tonnen wurde 1999 bei Baggerarbeiten für die Vertiefung der Elbfahrrinne gefunden und nach mehreren Anläufen geborgen. Analysen haben ergeben, dass der aus Schweden stammende Koloss während der Elster-Kaltzeit vor etwa 350 000 Jahren im Eis an den Fundort in der Elbe transportiert wurde. Neben dem Elbstrand in Övelgönne ist der »Alte Schwede« zu einem weiteren beliebten Treffpunkt für Grill-Begeisterte, Verliebte

24+25 LANDHAUS BRANDT, 1950ER JAHRE, UND HIMMELSLEITER

und Familien am Elbufer geworden. Gegenüber dem »Alten Schweden« am Elbhang beginnt Schröders Elbpark.

Schröders Elbpark (Abb. 27) war einst Teil eines von dem englischen Kaufmann John Thornton (1764–1835) Ende des 18. Jahrhunderts errichteten Anwesens. Benannt ist der Park hingegen nach seinem letzten privaten Besitzer, dem Freiherrn Johann Heinrich Schröder (1784–1883). Schröder war Hamburger Kaufmann und hatte sein Vermögen durch Handelsfinanzierung sowie den Handel mit Baumwolle, Kaffee und Zucker erworben. 1824 erwarb er das von Christian Frederik Hansen 1795 errichtete Thornton'sche Anwesen an der Elbchaussee. Seine Nachfahren schenkten Teile des Geländes 1953 als »Schröders Elbpark« der Stadt Hamburg und stellten die Bedingung, dass er für die Öffentlichkeit zu erhalten sei. Der historische Baumbestand und weitläufige Wiesen sorgen dafür, dass der Park stets gut besucht ist.

Über die Ringelnatztreppe führt unser Weg nun wieder hinauf zur Elbchaussee.

26+27 FINDLING AM ÖVELGÖNNER STRAND UND SCHRÖDERS ELBPARK

 **LANDHAUS THORNTON**

Oben angelangt, stand auf dem an der Elbchaussee gelegenen Grundstück rechter Hand bis 1913 das 1795/96 von Christian Frederik Hansen errichtete Landhaus des englischen Kaufmanns Thornton (Abb. 28), einst ein einstöckiger Fachwerkbau mit zwei Seitenpavillons sowie einem hochgelegenen Erdgeschoss und Walmdach. Die Gartenfront zeigte zur Elbe hin einen breiten Loggia-Ausbau. Als Engländer musste Thornton in der sogenannten Franzosenzeit von 1806 bis 1814 aus Hamburg fliehen und verlor sein gesamtes Vermögen. Den Landsitz veräußerte er 1819 an den Bankier Marcus Abraham Heckscher. Der wiederum verkaufte das Anwesen 1824 an den Hamburger Kaufmann und Bankier Freiherr Johann Heinrich von Schröder. Nach dem Tod der Eheleute Schröder wurde das Grundstück geteilt und das Haus 1913 an die Witwe des Bankiers Hardy verkauft. Das von C.F. Hansen entworfene Landhaus Thornton wurde abgerissen und 1914 durch einen neoklassizistischen Neubau des Architekten Paul Schöss ersetzt. Heute ist die Elbchaussee 215 Sitz der Jung-Stiftung für Wissenschaft und Forschung, die sich für die Fortschritte der Humanmedizin engagiert. Einzig erhalten ist das Tor zur Chaussee hin, welches mit seiner halbrunden Wölbung eine raffinierte Verbindung zu dem gegenüberliegenden Stallgebäude schafft.

28+29 LANDHAUS THORNTON, UM 1910, UND »STALLGEBÄUDE HALBMOND«

Die zugehörigen, auf der anderen Straßenseite liegenden Wirtschaftsgebäude an der Elbchaussee 228 sind aufgrund ihrer markanten Form unter dem Namen »Halbmond« bekannt. Während üblicherweise die Nebengebäude eines Landsitzes, wie hier die Stallgebäude mit Kutscher- und Gärtnerwohnungen (Abb. 29), nur selten erhalten sind, hat der »Halbmond« seine Gestalt über fast zweihundert Jahre kaum verändert. Das Stallgebäude wurde 1820 nach einem Brand von Johann Matthias Hansen, einem Neffen von Christian Frederik Hansen, in der heutigen Form neu errichtet. Es ist ein klassizistischer Putzbau, dem sein reetgedecktes Dach einen ländlichen Charakter verleiht. Der klassizistische Mittelbau wendet sich mit seinen niedrigen Stallflügeln dem ehemaligen Landhaus zu und zeugt als schlichter Nutzbau davon, wie elegant in dieser Zeit selbst einfache Bauaufgaben gelöst wurden.

Von der Bushaltestelle Halbmondsweg führt die Buslinie 286 zurück zur S-Bahn-Station Othmarschen. Alternativ kann man den Rückweg auch zu Fuß über den Halbmondsweg und die Reventlowstraße antreten.

STIFTUNGEN IN HAMBURG

Beim Blick in das Verzeichnis Hamburger Stiftungen (www.stiftungen.hamburg.de) begegnet dem Leser eine Vielzahl bekannter Namen aus den Elbvororten – Darboven, Donner, Jenisch, Jung, Reemtsma, Schröder sind nur einige davon. Das Spektrum der Stiftungszwecke reicht dabei von der Altersfürsorge und der Unterstützung Hilfsbedürftiger über den Denkmalschutz und die Pflege künstlerischer Gesamtwerke bis zur Hilfe für politisch Verfolgte.

Das Stiftungswesen hat in Hamburg eine lange Tradition. Bereits im 13. Jahrhundert stellten Hamburger Bürger erstmals Teile ihres Vermögens für Stiftungsgründungen zur Verfügung. Das mittelalterliche Stiftungswesen war indes eine rein kirchliche und auch keine allzu mildtätige Angelegenheit, denn die frühesten Formen waren sogenannte Memorien- und Vikarienstiftungen. Memorienstiftungen wurden eingerichtet, um eine jährliche Messe für das Seelenheil des verstorbenen Stifters zu sichern. Auch bei den Vikarienstiftungen stand die ewige Seligkeit des Verstorbenen im Vordergrund: Mit den Stiftungsgeldern wurden Vikare angestellt, die durch die Verrichtung von kirchlichen Aufgaben für eben jenes Seelenheil des Verstorbenen sorgen sollten.

Im 14. und 15. Jahrhundert lockerte sich die rein kirchliche Anbindung von Stiftungen. Neben die Sorge um das eigene Seelenheil trat nun der Gedanke, Einrichtungen von öffentlichem Nutzen (»ad utilitatem publicam« statt »ad pias causas«) zu schaffen. Die Reformation verstärkte diese Tendenz. Martin Luther und sein Hamburger Mitstreiter Johannes Bugenhagen stellten sich gegen die Vorstellung, ewige Seligkeit lasse sich durch kirchliche Handlungen oder die Finanzierung kirchlicher Ämter erkaufen. Infolgedessen verschwanden die Memorien- und Vikarienstiftungen im 16. Jahrhundert nahezu gänzlich, und Stiftungen für mildtätige Zwecke gewannen die Oberhand. So wurden fortan zum Beispiel Armenwohnungen, Hospitäler, aber auch Stipendien für Studienzwecke eingerichtet.

Stand auch in der Frühen Neuzeit die soziale Fürsorge im Vordergrund, so ging das Hamburger Stiftungsvolumen im 17. Jahrhundert trotz weiter wachsenden Reichtums zurück. Gründe hierfür mögen ein stärker auf das Diesseits gerichtetes Lebensgefühl und das Interesse an der Existenzsicherung der eigenen Familie gewesen sein. Zu Beginn des 18. Jahrhundert kamen zu diesem Zweck Familienstiftungen und sogenannte Fideikommissen in Mode, die das Familienvermögen zwecks Sicherung des Gesamtbesitzes auf nur einen Nutzeigentümer übertrugen. Das Zeitalter der Aufklärung schließlich hatte auch Auswirkungen auf das Stiftungswesen. Die Aufklärer sahen die Pflicht zur öffentlichen Fürsorge bei der Obrigkeit. Für die Stiftungsadministratoren bedeutete der neue aufklärerische Geist, die Stiftungen nach dem Prinzip der »Hilfe zur Selbsthilfe« zu gestalten.

Aus diesen beiden Ansätzen ging in Hamburg die Allgemeine Armenanstalt von 1788 hervor, die von Mitgliedern der »Hamburgischen Gesellschaft zur Beförderung der Manufakturen, Künste und nützlichen Gewerbe«, kurz »Patriotische Gesellschaft von 1765«, ins Leben gerufen wurde. Caspar Voght war hierbei einer der führenden Initiatoren, der die Reformation des Armenwesens in Hamburg mit großem Engagement unterstützte. Ihr Ziel war die flächendeckende Betreuung armer und in Not geratener Personen und Familien mit dem Anspruch, diesen so lange zu helfen, bis sie wieder in der Lage waren, ihren Lebensunterhalt aus eigener Kraft zu bestreiten.

Die Allgemeine Armenanstalt agierte in Hamburg mit weitreichendem Erfolg: Die Bettelei ging zurück, die Anzahl der Armen halbierte sich, es gab nun weniger Insassen im »Werk- und Zuchthaus«, das zuvor als wichtigster Unterbringungsort von Bettlern und Vagabunden gedient hatte, und auch die Anzahl der Kinder im Waisenhaus nahm ab. Gemeinsam mit weiteren privaten Stiftungen förderte die Armenanstalt auch die Elementarschulbildung für arme Kinder. Einen herben Rückschlag erlebte die Allgemeine Armenanstalt in der Franzosenzeit (1806–1814). Als die Besatzer ihr den Geldhahn zudrehten, musste sie ihr Wirken einstellen und konnte erst 1892 durch die Reorganisation des Armenwesens in Hamburg wiederbelebt werden.

In der zweiten Hälfte des 19. Jahrhunderts setzte mit der Reichsgründung 1871 und infolge des wirtschaftlichen Aufschwungs der Gründerzeit in Hamburg ein wahrer Stiftungsboom ein. Die wohlhabenden Bürger der Stadt reagierten damit auf die Bevölkerungsexplosion – die Einwohnerzahl Hamburg hatte sich bis zur Jahrhundertwende verdreifacht – und die damit einhergehenden sozialen Probleme in der Stadt. Gefördert wurde von den Stiftungen nun, lange bevor der Staat selbst aktiv wurde, hauptsächlich der Wohnungsbau. Das »Schröderstift« von 1850 war mit 120 Wohnungen die größte Einrichtung dieser Art in der Stadt, deren durchschnittliche Größe Ende des 19. Jahrhunderts bei etwa vierzig Wohnungen lag. Insgesamt gab es um 1900 etwa 2000 Armenwohnungen, die von privaten Stiftungen unterhalten wurden. Bei einer Einwohnerzahl um 720 000 mag diese Zahl gering erscheinen, jedoch wäre die Wohnsituation in Hamburg ohne die Initiative privater Stifter noch weit schlimmer gewesen.

Neben der Verbesserung der Wohnsituation der ärmeren Bevölkerungsteile investierten die Stiftungen ganz im Sinne der Aufklärung in Unterricht und Erziehung. Zwar wurde die Unterhaltung der Erziehungs- und Unterrichtsstätten selbst als Aufgabe des Staates angesehen, allerdings wurden die Lernenden nach ihrer jeweiligen Bedürftigkeit individuell unterstützt. So wurde beispielsweise das Schulgeld für arme Kinder übernommen, und es wurden Stipendien für Schul- und höhere Bildung eingerichtet. Eine Erweiterung der Stiftungsaktivitäten richtete sich neben den elementaren Grundbedürfnissen darüber hinaus auf die Beseitigung der ungesunden Lebensverhältnisse der ärmeren Stadtbevölkerung, zu welchem Zweck

Stiftungen für Erholungsaufenthalte an der See und Ferienstiftungen ins Leben gerufen wurden.

Kulturelle und wissenschaftliche Stiftungen spielten im Hamburg des 19. Jahrhunderts dagegen noch keine so große Rolle wie andernorts. Nennenswerte Stiftungsaktivitäten in diesen Bereichen gab es in Hamburg erst Anfang des 20. Jahrhunderts. So wurde 1907 die »Hamburgische Wissenschaftliche Stiftung« gegründet, die bis heute in der Wissenschaftsförderung tätig ist.

Im 20. Jahrhundert hatten viele Hamburger Stiftungen mit den Folgen der beiden Weltkriege zu kämpfen, die für einen Großteil der wohltätigen Organisationen das Ende bedeutete. Veränderungen in Gesellschaft und Staat brachten einen neuen Stiftungstyp, den der Unternehmensträgerstiftung, hervor. Bei diesem Typus agiert die Stiftung auch als Wirtschaftsunternehmen und haftet dabei mit ihrem Vermögen. Bereits im 19. Jahrhundert unterschied man zwischen Stiftungen des privaten und solchen des öffentlichen Rechts. Diese Unterscheidung gilt bis heute (daneben gibt es noch die rechtliche Sonderstellung von kirchlichen Stiftungen). Die Stiftungen des öffentlichen Rechts dienen zur Erfüllung langfristiger öffentlicher Aufgaben wie zum Beispiel die »Stiftung Hamburger öffentliche Bücherhallen«, die Stiftung »Hamburgisches Welt-Wirtschafts-Archiv« (HWWA) und jüngst die »Stiftung Historische Museen Hamburg«. Die in der zweiten Hälfte des 20. Jahrhunderts gegründeten privaten Stiftungen haben meist einen vielfältigen gemeinnützigen Charakter.

BARS / KNEIPEN / NACHTLEBEN

Lütt Döns
Reventlowstrasse 64 A
→ *kleine Kneipe, seit über zwanzig Jahren am Bahnhof Othmarschen*

Strandperle
Övelgönne 60
www.strandperle-hamburg.de
→ *Mutter aller Strandbars, seit über hundert Jahren einer der beliebtesten Treffpunkte an der Elbe*

CAFÉS / RESTAURANTS

Ahoi Strandkiosk
Övelgönne 57
www.strandkiosk-hamburg.de
→ *in einer Kasematte eingerichtete Strandbar, entspannte Atmosphäre*

Bistro Ö1
Hohenzollernring 1
www.bistro-oe1.de
→ *Bistro im Pavillon mit Terrasse und Wintergarten*

Cafè Elbterrassen
Övelgönne 1
www.cafe-elbterrassen.de
→ *Strandkörbe und Liegestühle: Strandbar-Feeling*

das weiße haus
Neumühlen 50
www.das-weisse-haus.de
→ *kleines Restaurant mit gehobener Küche*

Fischrestaurant Hoppe
Övelgönne 6
www.fischrestaurant-hoppe.de
→ *traditionsreiches Fischrestaurant*

Helmrichs Bistro & Weine
Liebermannstraße 52
www.helmrichs.com
→ *feines Bistro im Herzen von Othmarschen*

Historisches Wartehäuschen Döns
Ponton Neumühlen
www.museumshafen-oevelgoenne.de/index.php/Doens.html
→ *zu mieten, ein besonderer Ort für private Festlichkeiten*

Il Quarto Stato
Liebermannstraße 46
→ *nettes italienisches Café mit Mittagstisch*

Jim Block
Statthalterplatz 5
www.jim-block.de
→ *Hamburger von Hamburgern*

Landhaus Scherrer
Elbchaussee 130
www.landhausscherrer.de
→ *Gourmet-Restaurant mit norddeutscher Küche*

Le Canard nouveau
Elbchaussee 139
www.lecanard-hamburg.de
→ *Küchenchef Ali Güngörmüs, 1 Michelin-Stern, 16 Punkte im Gault Millau*

Louisana
Baurstraße 2
www.louisiana.de
→ *American Bar und Restaurant im Othmarschen Park (beim UCI)*

nuggis elbkate
Ponton Neumühlen
→ *allerbeste Fischbrötchen*

Restaurantschiff DES Bergedorf
Ponton Neumühlen
www.kleinhuis-restaurantschiff.de
→ *Café und norddeutsche Küche an Deck*

Röperhof
Agathe-Lasch-Weg 2
www.roeperhof-restaurant.de
→ *Bauernhaus von 1759 mit Bauerngarten; vielfältiger Mittagstisch, exklusive Abendkarten und Weinraritäten*

Süßwasser Restaurant
Övelgönne 38
www.suesswasser-hamburg.de
→ *modernes Ambiente mit Hafenflair*

Sutsche Övelgönne
Övelgönne 2/3
www.sutsche-oevelgoenne.com
→ *kleine Speisen aus'm Kiosk, im Winter unterm Heizpilz*

Wehmanns Bistro
Elbchaussee 130
www.wehmanns-bistro.de
→ *Bistro, direkt neben dem Landhaus Scherrer und beliebt für die Mittagspause*

Zum Alten Lotsenhaus
Övelgönne 13
www.zum-alten-lotsenhaus.de
→ *ein Muss für Fischliebhaber, ebenfalls mit Strandbar*

Zur Elbkate
Övelgönner Hohlweg 12
www.elbkate.de
→ *kleines Lokal direkt am Elbwanderweg, ideal für den Zwischenstopp*

LÄDEN

Bente Steen – Einrichtungen für Kinder
Liebermannstraße 54
www.bente-steen.com
→ *Kindermöbel*

BlumenBinderei
Liebermannstraße 46
www.blumenbinderei-othmarschen.de
→ *ein Tante-Emma-Laden für Blumen*

Daniel Steen – Individual Interiors
Liebermannstraße 56
www.danielsteen.com
→ *indviduelle Beratung, erlesene Stoffe, eigene Polsterei*

Fleischerei Umlandt
Liebermannstraße 50 A
→ *Fleisch vom regionalen Züchter*

KEKE Concept Store
Liebermannstraße 54
www.kekeconceptstore.de
→ *Wohnen, Mode, Schmuck und Kunst*

Lotto Kiosk
Liebermannstraße 39
→ *Lotto und Presseerzeugnisse im schönen Pavillon*

Obst & Gemüse Mathies
Liebermannstraße 52
→ *netter, familiengeführter Grünhöker*

Schlechtelaunefresser
Övelgönne
→ *Kleinkunst aus dem Automaten*

Supermarkt Wiechern
Liebermannstraße 44 B
→ *kleiner Supermarkt mit guter Obst- und Gemüseauswahl*

Stadtbäckerei
Liebermannstraße 46
→ *Brot & Kuchen, belegte Brötchen & Kaffee*

Treibgut
Ponton Neumühlen
www.treibgut-ovelgoenne.de
→ *Schönes und Kurioses aus Hamburg und aus aller Welt*

HOTELS

Hotel Schmidt
Reventlowstraße 80
www.hotel-schmidt.de
→ *individuell geführtes Hotel der gehobenen Mittelklasse*

FREIZEIT / SPORT

Aqua-Fit
Paul-Ehrlich-Straße 2
www.sportlife.de
→ *Sport- und Wellnessresort*

**Eisenbahn-Turn-u. Sportverein
Altona-Eidelstedt von 1880 e.V.**
Bernadottestraße 55
→ *Traditionssportverein*

Gilde Bowling 44
Baurstraße 2
www.gildebowling.de
→ *großes Bowling-Center*

KIN health nature sports
Parkstraße 55 D
www.othmarschen.kin-hamburg.de
→ *Physiotherapie, Sport und Fitness*

TC Rolandsmühle im SVE Hamburg
Bernadottestraße 55
www.rolandsmuehle.de
→ *Tennisabteilung des Sportvereins Ei-
delstedt Hamburg von 1880 e.V. mit sechs
Außenplätzen (ehem. Eisenbahn-Turn-u.
Sportverein Altona-Eidelstedt von 1880)*

UCI Othmarschen Park
Baurstraße 2
www.uci-kinowelt.de
→ *Multiplexkino*

KULTUR

Oevelgönner Seekiste
Övelgönne 61
www.museum-seekiste.de
→ *liebevoll geführtes Privatmuseum*

**Jung-Stiftung für Wissenschaft
und Forschung**
Elbchaussee 215
www.jung-stiftung.de
→ *1975 gegründete Stiftung für Humanmedizin*

OTHMARSCHEN (WEST)

2

Moderne Landhäuser ★ Landhaus de Voss / Kallmorgen-Villa ★ Hindenburgpark ★ Reemtsma Park / Haus K. in O. ★ Jenischpark ★ Instenhäuser ★ Landhaus Voght ★ Christianeum

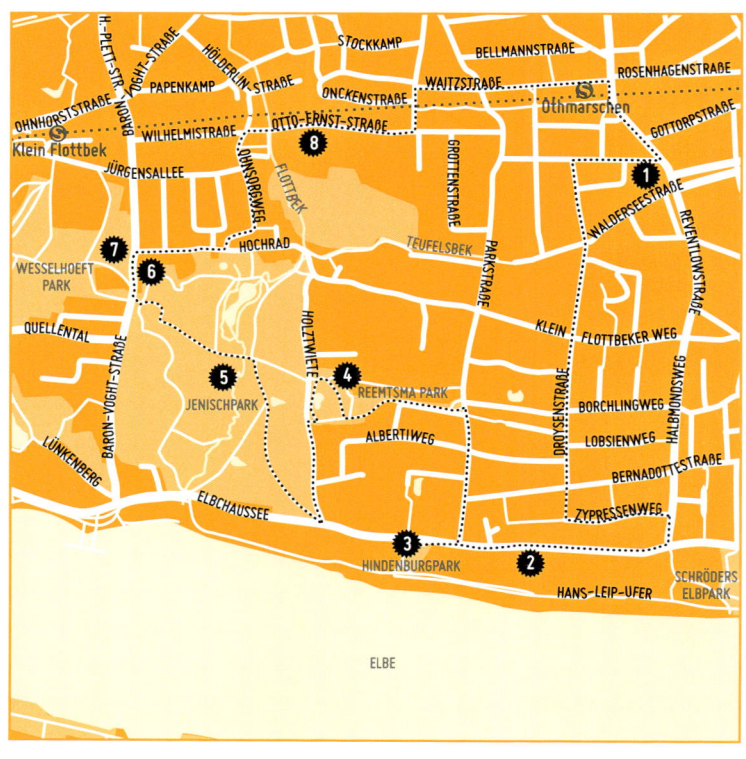

Wie der östliche Bereich Othmarschens gehört auch der Westen dieses Stadtteils zu den besonders begehrten Wohngebieten Hamburgs. So sind es zum einen die Lage an der Elbe sowie die gute Verkehrsanbindung und die Nähe zum Innenstadtbereich, die Othmarschen als Wohnort attraktiv machen. Neben zahlreichen Villen sind es vor allem die Parks, die den westlichen Teil Othmarschens prägen. Nahezu die Hälfte des Gebiets wird von Grünfläche eingenommen. Zu den Parks, die in diesem Rundgang beschrieben werden, gehören der Hindenburgpark, der Reemtsma Park sowie der Jenischpark. Letzterer gilt aufgrund seiner topografischen Beschaffenheit und seiner abwechslungsreichen Gestaltung als einer der schönsten Parks der Stadt. Eine Besonderheit des Parks ist das Naturschutzgebiet Flottbektal, das zentral im Park gelegen ist und zahlreichen vom Aussterben bedrohten Tier- und Pflanzenarten ein Zuhause bietet. Ein Spaziergang durch den Park ist zu jeder Jahreszeit reizvoll – ob im Frühjahr, wenn Wiesen und Bäume von zartem Grün sind, oder im Herbst, wenn die bunten Blätter über die Wege wehen. Der Blick vom Jenisch Haus über den sanft abfallenden Hang hat über die Jahrhunderte nicht an Anziehungskraft verloren. Leicht fällt es dem Betrachter an dieser Stelle, sich vor Augen zu führen, was die Hamburger Kaufleute im 17. und 18. Jahrhundert bewog, ihre Garten- und Sommerhäuser, die wir in den Elbvororten noch heute zahlreich vorfinden, entlang der Elbe zu errichten.

Vom S-Bahnhof Othmarschen gehen wir ein kurzes Stück über die Reventlowstraße nach Süden, bis rechts die Jungmannstraße abzweigt.

 MODERNE LANDHÄUSER

Bei den beiden Landhäusern Jungmannstraße 1 und 3 (Abb. 1+2) handelt es sich um Bauten der Altonaer Architekten Hans (1881–1931) und Oskar

1+2 HAUS ZADIK UND HAUS BONDY

(1886–1966) Gerson (Abb. 3+4). Die Brüder Gerson – es waren drei, der jüngere Ernst (1890–1984) trat später in ihr Büro ein – sind heute weniger bekannt, doch hat ihre Arbeit am Anfang des 20. Jahrhunderts das Bild Hamburgs entscheidend geprägt. Sie hatten in München Architektur studiert, um dann 1907 in Altona ein gemeinsames Architekturatelier zu eröffnen. Von Anfang an erfolgreich, bauten sie zahlreiche Privat-

3 HANS GERSON

und Landhäuser für die großbürgerlich-hanseatische Kaufmannschaft, unter anderem für Max Warburg und Nicolaus Darboven. International machten sie sich vor allem durch ihre Kontorhausbauten einen Namen, dessen bekanntester der Meßberghof ist. Der zwischen 1922 und 1924 errichtete Meßberghof bzw. das Ballinhaus, wie es bis 1938 hieß, war eines der ersten Hochhäuser Deutschlands.

In der Weimarer Zeit standen die Gersons der Heimatschutzarchitektur nahe und taten sich früh als Verfechter der neuen Backsteinkultur hervor. Mit Fritz Höger, Fritz Schumacher und Karl Schneider waren sie maßgebliche Vertreter einer Hamburger Schule des Bauens. Mehrere Wohnblocks, vor allem in Eppendorf, zeugen von der souveränen Handhabung

4 OSKAR GERSON

des von ihnen favorisierten Baumaterials. Nach der Machtübernahme der Nationalsozialisten wurde Oskar wie auch der jüngere Bruder Ernst, der inzwischen dazugestoßen war, aufgrund seiner jüdischen Herkunft aus dem Bund deutscher Architekten ausgeschlossen (Hans war bereits 1931 an den Folgen eines Herzinfarkts gestorben). Dies kam einem Berufsverbot gleich. Die beiden Architekten durften nur noch Aufträge von jüdischen Bauherren annehmen. Während sich Ernst schon 1933 zur Emigration nach Bulgarien entschloss und später in Neuseeland als Architekt Fuß fasste, blieb Oskar noch einige Jahre in Hamburg, bevor er über London in die USA emigrierte. Eine seiner letzten Arbeiten in Deutschland war ein Umbau für den jüdischen Kulturbund in der Hartungstraße 9–11 (heute befinden sich in dem Gebäude die von Ida Ehre gegründeten Hamburger Kammerspiele).

Die beiden Häuser an der Jungmannstraße gehören zu den wenigen erhaltenen Landhausbauten der Gersons. Das Haus Jungmannstraße Nummer 3 wurde 1908 für den Bankier Salomon Bondy erbaut. 1914 entstand auf dem Nachbargründstück des Hauses Bondy das Haus Zadik (Jungmannstraße 1) für den Schwiegersohn des Bankiers. Beide Häuser zeichnen sich durch vom Herkömmlichen losgelöste, extravagante Grundrisse aus. Die auffällige Winkelform des einen sowie die halbrunde Form des anderen Gebäudes wurden allerdings nicht aus rein ästhetischen Gründen gewählt, sondern ergaben sich aus der Lage der beiden Grundstücke und ermöglichen deren optimale Ausnutzung (Abb. 1+2, 5).

5 GRUNDRISS HAUS ZADIK

Von der Jungmannstraße biegen wir links in die Droysenstraße, wo sich mit dem 1912 fertiggestellten Landhaus Beuleke (Hausnummer 9) ein weiterer Bau von Hans und Oskar Gerson befindet. Am Ende der Droysenstraße zweigt nach etwa 800 Metern links der Zypressenweg ab. Diesem folgen wir, bis er auf den Halbmondsweg trifft, und setzen den Weg nach rechts, Richtung Elbchaussee, fort. Nach nur wenigen Schritten sehen wir

6+7 LANDHAUS DE VOSS, 1858, UND KALLMORGEN-VILLA HEUTE

linker Hand wieder den »Halbmond« (vgl. Rundgang 1). Wir biegen rechts ab und spazieren Richtung Elbchaussee 239.

2 LANDHAUS DE VOSS/KALLMORGEN-VILLA

Einst stand auf dem Grundstück Nr. 239 das prachtvolle Vossische Landhaus (Abb. 6). Der Altonaer Kaufmann und Brauherr Hermann de Voss (1761–1807) hatte das Gelände auf dem »Krützkamp« 1797 Caspar Voght abgekauft und ließ hier von dem in Altona ansässigen Architekten Johann Nikolaus Möller ein stattliches Landhaus erbauen. Zeitgenössische Zeitungen beschrieben es als »Prachtbau mit schöner Gartenanlage«.

Hermann de Voss betrieb die 1647 gegründete Voss'sche Brauerei an der Ecke Breite Straße / Lange Straße in Altona bereits in der siebten Generation. Bis zum Abbruch der Brauereigebäude in Altona blieb sie ein Familienbetrieb, 1897 ging aus ihr die Bavaria-St.-Pauli-Brauerei hervor. Nicht jedem gefiel die ausladende Villa der Familie de Voss an der Elbchaussee. Insbesondere missfiel einigen Nachbarn die bürgerliche Herkunft, vor allem aber der Beruf des Besitzers.

Seit 1827 wechselte das Anwesen mehrmals den Eigentümer, bis das Landhaus 1904 von dem neuen Besitzer Carlos de Freitas abgerissen wurde. An seiner Stelle ließ der Reeder und Kaufmann von dem Architekturbüro

Lundt & Kallmorgen 1904 eine neue prachtvolle Villa mit grünem Kapel-lendachreiter errichten (Abb. 7). Die beiden Architekten waren in Hamburg keine Unbekannten, einen Namen machten sich Georg Kallmorgen (1862–1924) und Werner Lundt (1859–1939) insbesondere mit dem Bau des Hamburger Oberlandesgerichts. Auch das Thalia Theater sowie die Villa von Albert Ballin an der Feldbrunnenstraße stammten aus ihrer Feder. Georg Kallmorgen war zudem von 1908 bis 1914 Bausenator in Altona.

Das schmuckreiche repräsentative Wohnhaus mit neobarocken Architekturformen steht seit dem 26. April 2011 unter Denkmalschutz (Denkmalliste Nr. 1868) und darf nicht abgerissen werden. Im selben Jahr noch verkaufte die Erbengemeinschaft die Villa an einen Investor. Seitdem steht es leer. Frost, Regen und Hitze greifen die Bausubstanz an. Scheiben wurden eingeschlagen, auch wurde in dem Haus verschiedentlich randaliert. Hinweise von Anwohnern und Sicherungsauflagen der Denkmalbehörde haben allerdings nur zu den allernotwendigsten Sicherungsmaßnahmen geführt. Von der seitens des Investors angekündigten Instandsetzung ist bislang noch nichts zu bemerken.

Wir machen nun einen kleinen Abstecher zum Hindenburgpark, den wir über die Elbchaussee in westlicher Richtung erreichen.

3 HINDENBURGPARK

Der Hindenburgpark ist eine schmale, von Bäumen gerahmte und steil abfallende Wiese, die seit 1932 der Öffentlichkeit zugänglich ist und seit 1934, dem Todesjahr des Namensgebers, den Namen »Hindenburgpark« trägt. Wie viele Parks entlang der Elbchaussee ist er nur Teil eines viel weitläufigeren Anwesens, das unter anderem zeitweise dem Englischen Courtmaster John Blacker (vgl. Rundgang 5, Station Goßlers Park) gehörte und in den 1820er Jahren von dem mit Emilie Jenisch verheirateten Hamburger Konsul und Kaufmann Johann Wilhelm Rücker erworben wurde. Oben auf dem Geesthang ließ Rücker von dem Architekten Auguste de Meuron (1813–1898) die sogenannte Elbpark Villa errichten, die seinem

54 Enkel Bernhard von Bülow (1849–1929) später als Sommerdomizil diente. Als dieser verstarb, wurde die Elbpark Villa abgerissen, der Landsitz mit den angrenzenden Parkflächen parzelliert und als Bauland verkauft. Einzig der kleine Taleinschnitt konnte als Grünfläche gerettet werden.

Erhalten ist aus dieser Zeit das benachbarte Landhaus Schön, benannt nach dem Reeder August Joseph Schön (1802–1870), in dem bis vor wenigen Jahren die private, nicht öffentlich zugängliche Schifffahrtssammlung des längjährigen Vorstandsvorsitzenden des Axel Springer Verlags Peter Tamm untergebracht war. Seit 2008 ist diese in der Hafencity im Internationalen Maritimen Museum Hamburg anzuschauen.

Die Reederei Schön war die viertgrößte Hamburger Unternehmung im Schiffstransport. In den 1860er Jahren ließ der Reeder das Landhaus an der Elbchaussee bauen, bereits 1883 ging es in den Besitz eines Hoteliers über. 1890 ließ der Hotelier nebenan (Elbchaussee 279) ein noch größeres Haus bauen, das heutige Weiße Hotel an der Elbchaussee, auf das wir später noch einen Blick werfen können.

Unser Weg führt nun durch die Parkstraße gen Norden bis zur Hausnummer 51, dem Haupteingang des Reemtsma Parks.

4 REEMTSMA PARK/HAUS K. IN O.

Nachdem er am alten Standort die Kündigung seiner Betriebsstätten erhalten hatte, verlegte Philipp Fürchtegott Reemtsma (1893–1959, Abb. 8) das gemeinsam mit seinem Bruder Hermann F. betriebene Tabak-Unternehmen »Reemtsma Cigarrettenfabriken« im Jahr 1923 von Erfurt nach Altona-Bahrenfeld. Zunächst an der Palmaille wohnend, erwarb er 1929 ein Grundstück östlich des Jenischparks, das bereits im 19. Jahrhundert durch den Vorbesitzer in einen Landschaftsgarten umgewandelt worden war und eine gute Grundlage für seine Pläne bot. Durch weitere Zukäufe schuf er eine Grundfläche von über

8 PHILIPP F. REEMTSMA (1893–1959)

9 HAUS K. IN O.

60 000 Quadratmetern, die ihm nun zwischen Parkstraße und Holstentwiete zur Gestaltung nach seinen Vorstellungen zur Verfügung stand.

Reemtsma wollte für sich und seine Familie ein repräsentatives Wohnhaus errichten lassen, das zum einen den Ansprüchen an sein gesellschaftliches Leben genügte, aber zugleich Raum und Rückzugsmöglichkeiten bot. Den 1929 ausgeschriebenen Architekturwettbewerb konnte der Frankfurter Architekt Martin Elsaesser (1884–1957) für sich entscheiden und errichtete auf dem Grundstück von 1930 bis 1932 das »Haus K. in O.« (Haus Kretkamp in Othmarschen), eine moderne Villa im Stil des Neuen Bauens (Abb. 9). Mit etwa vier Millionen Reichsmark Baukosten war es der teuerste Villenbau seiner Zeit in Deutschland. Von einem schlichten Haus, wie der Name vermuten lässt, konnte also nicht die Rede sein. Neben der zwei- bis dreigeschossigen Villa umfasste die Anlage mehrere Versorgungsbauten wie einen Pferdestall, eine Garage, ein Gewächshaus und einen Nutzgarten. Das Wohnhaus selbst war mit Reitbahn, Schwimmbad, Sport- und Gymnastikräumen, Bocciabahn und Tischtennishalle, einem Teepavillon und einer Sonnenterrasse ausgestattet und glich im Zusammenspiel mit der Parkanlage eher einem Wellness-Hotel als einem Wohnhaus. Der Architekt Martin Elsaesser, der zuvor hauptsächlich im kommunalen Bau Frankfurts mitgewirkt hatte, bekam mit der Villa Reemtsma die Möglichkeit, sich ohne finanzielle Beschränkungen zu entfalten. Schon die äußere Gestalt der Villa mit ihrer modernen, verwinkelten Bauform und den eleganten grünlichen Keramikfließen lässt den Luxus erahnen, den das Gebäude bot.

Die Nutzfläche der Villa umfasste knapp 2000 Quadratmeter. Die Besucher traten durch einen mit Vordach und Windfang geschützten Eingangsbereich in die holzvertäfelte Garderobe. Von hier aus zweigten das Herrenzimmer mit angeschlossener Bibliothek und die Wohnhalle mit danebenliegendem Bridgezimmer ab. Ein Flur führte in den zweiten Baukörper mit Turnsaal, Schwimmhalle und Gartenzimmer. Ebenfalls im Erdgeschoss befanden sich das Kinderspielzimmer, das Esszimmer sowie die Wirtschaftsräume. Im ersten Obergeschoss waren die Damenwohnzimmer, der Herrenruheraum, die Eltern- und Kinderschlafzimmer mit Bädern sowie die Arbeitszimmer untergebracht, das zweite Obergeschoss umfasste vier Gästezimmer mit eigenen Terrassen. Bemerkenswert war die zum Garten hin komplett verglaste Front des Hauses, deren Fenster sich im Boden versenken ließen. Die Grenze zwischen Wohnhaus und Garten konnte so nahezu aufgehoben werden.

Die Planung des Gartens oder vielmehr Parks war eines der größten privaten Gartenprojekte des 20. Jahrhunderts. Durchgeführt wurde sie von dem Landschaftsarchitekten Leberecht Migge (1881–1935), der als Wegbereiter des modernen Reformgartens gilt. Den von ihm vertretenen Reformgedanken entsprechend sollte der Garten des Hauses K. in O. zum einen der Selbstversorgung dienen (im Osten gab es entsprechend einen Nutzgarten mit Gewächshäusern), aber auch ein Ort aktiver Freizeitgestaltung sein (es gab einen Spiel-Garten, einen Teich zum Schwimmen mit Wasserrutsche und Sprungturm sowie einen kleinen Strand). Nach dem Tod Migges 1935 übernahm zunächst Camillo Karl Schneider (1876–1951) die Betreuung und Pflege der Othmarscher Parkanlagen, später dann Heinrich Friedrich

Wiepking-Jürgensmann (1891–1973), der Mitte der 1930er Jahre einen Garten für die Riefenstahl-Villa in Berlin-Schmargendorf entworfen hatte. In der Nachkriegszeit wurden neben der Umplanung der Gartenanlage durch Wiepking auch Veränderungen an der Villa vorgenommen, die Godber Nissen (1906–1997) ausführte. Die große und schwer zu bewirtschaftende Gartenanlage wurde größtenteils aufgegeben. Nachdem Reemtsma 1950 auf die Nutzung des Gebäudes als Wohnhaus verzichtete, konnte Nissen Gustav Oelsner von der Umnutzung des Baus überzeugen, und der Komplex wurde aus dem Privatvermögen Reemtsmas an die Reemtsma GmbH zurückverkauft. Im Schwimmbadbereich des Wohnhauses wurde nun ein Kasino eingerichtet und die Wohnhalle zum Sitzungssaal umgebaut, außerdem entstanden auf dem Gelände neue Verwaltungsgebäude. Zugleich wurden Teile des Grundstücks der Stadt Hamburg übergeben und als »Reemtsma Park« der Öffentlichkeit zugänglich gemacht (Abb. 10).

58

Mit dem Verkauf der Reemtsma-Gruppe 2003 erhielt der Gebäudekomplex einen neuen Besitzer. Die Verwaltungsgebäude wurden umgebaut und neue Gebäude errichtet, die nun allesamt Wohnungen beinhalten. Seit 2006 steht das »Haus K. in O.« unter Denkmalschutz und wurde teilweise in den Originalzustand zurückversetzt.

Nach unserem Rundgang durch den Reemtsma Park geht es nun weiter über die Holztwiete Richtung Elbe. An der Ecke Holztwiete/Elbchaussee befindet sich das Kaisertor, durch das Besucher nach 1906 in den Jenischpark gelangten. Bevor wir durch das Tor gehen, machen wir noch ein paar Schritte entlang der Elbchaussee in westlicher Richtung. Nach wenigen Metern erhebt sich auf der linken Seite das Weiße Hotel an der Elbchaussee (Nr. 279), das bereits vom Hindenburgpark aus zu sehen war. Wenden wir uns nun aber wieder Richtung Jenischpark.

5 JENISCHPARK

Der bekannteste und beliebteste Park in den Elbvororten ist der Jenischpark (Abb. 12). Benannt wurde der Park nach dem Hamburger Kaufmann und Senator Martin Johann Jenisch (1793–1857), der die Ländereien 1828 von ihrem Begründer Baron Caspar Voght erwarb. Caspar Voght (Abb.

11 CASPAR VOGHT
(1752–1839)

11) wurde 1752 als Sohn eines Kaufmanns und Senators in Hamburg geboren und wuchs in wohlhabenden Verhältnissen auf. Sein Vater arbeitete in jungen Jahren zunächst als Angestellter, schaffte durch die Hochzeit mit der Tochter seines Arbeitgebers aber den gesellschaftlichen Aufstieg. Kurze Zeit später gründete er sein eigenes Handelshaus für Leinen und Seide, das er bis zu seinem Tode erfolgreich führte. Caspar Voght bekam, ganz unüblich für hanseatische Kaufmannssöhne, privaten Schulunterricht und begeisterte sich gemeinsam mit seinen Freunden Georg Heinrich Sieveking und Johann Michael Hudtwalcker für Klopstock und andere

12 JENISCHPARK

neue Dichter der Zeit. Dem väterlichen Geschäft, in dem er seine Ausbildung gemacht hatte, konnte er hingegen wenig abgewinnen. Statt eines Praktikums im Voght'schen Handelshaus in Lissabon unternahm er eine dreijährige Bildungsreise, eine »Grand Tour«, durch Westeuropa, wie sie sich sonst nur vermögende Adelige leisteten. Die Reise führte ihn in die Niederlande und die Schweiz, nach England, Frankreich, Spanien und Italien. Auf diesen Reisen entfachte seine Leidenschaft für englische Landschaftsgärten und französische Literatur, in der Schweiz traf er auf Voltaire, den Botaniker Albrecht von Haller sowie den Schweizer Physiognomiker Johann Caspar Lavater, studierte spanische Musik und italienische Kunst. Aller Bildung zum Trotz wurde er jedoch immer wieder mit seiner bürgerlichen Herkunft konfrontiert, die ihm den Zugang zu den höchsten Kreisen verwehrte. Mit 23 Jahren kehrte Voght 1775 nach Hamburg zurück und widmete sich repräsentativen Aufgaben im väterlichen

13 POLO-PLATZ AM JENISCH PARK, UM 1910

Handelshaus. Wenngleich die Kaufmannslaufbahn nie sein Ziel gewesen war, übernahm er nach dem Tod des Vaters 1781 gemeinsam mit seinem Freund Georg Heinrich Sieveking dessen Handelsgeschäfte und hatte damit sogar großen Erfolg. Darüber hinaus war Caspar Voght Mitglied der Patriotischen Gesellschaft in Hamburg. Er pflegte enge Kontakte zu den Anhängern der Hamburger Aufklärung und engagierte sich nach deren Prinzipien in der Fürsorge für die Armen, deren Los er durch Arbeit und nicht durch Almosen verbessern wollte. Ab 1788 war Voght maßgeblich an der Gründung der Allgemeinen Armenanstalt sowie der Neuordnung des Armenwesens in Hamburg beteiligt.

1785 begann Voght, die ersten Ländereien in Flottbek zu erwerben. Die Ausgestaltung seines Guts machte er sich fortan zur Hauptaufgabe und widmete sich ihr mit immer größerem Interesse und Engagement. Je mehr seine Ländereien wuchsen, umso mehr zog er sich aus dem Geschäft zurück, bis er es 1788 Sieveking weitgehend überließ, sich nur noch im Amerikahandel betätigte und 1793 – im Alter von 41 Jahren – seine Handelstätigkeit ganz aufgab. Fortan konzentrierte er sich voll und ganz auf den Ausbau eines landwirtschaftlichen Mustergutes, das seinen ästhetischen, ökonomischen und sozialpolitischen Vorstellungen entsprach, und hatte

schließlich im Laufe von zwanzig Jahren den Flottbeker Park geschaffen, der mit 240 Hektar sechs mal größer war als der heutige Jenischpark. Der Flottbeker Park bestand aus dem Norderpark (heute das Freigelände des Botanischen Gartens, seit 2012 Loki-Schmidt-Garten. Botanischer Garten der Universität Hamburg, Hamburg Polo Club [Abb. 13], Jenisch-Schule), dem Osterpark (heute Groß Flottbeker Tennis-, Hockey- und Golf-Club e.V., Christianeum, Gymnasium Hochrad), dem Westerpark (Westerpark und Einfamilienhaussiedlung im Westen, vgl. auch den nachfolgenden Rundgang durch Nienstedten) und schließlich dem Süderpark, der dem heutigen Jenischpark entspricht.

Ornamented Farm

Die Ideen für sein Gut in Flottbek hatte Voght insbesondere von seinen Reisen nach England mitgebracht. Auch kannte er die zeitgenössischen gartentheoretischen Schriften, die ihm bei der Anlage seines Park als Orientierung dienten. Ab 1792 begann Caspar Voght damit, seine Ländereien entsprechend gestalten zu lassen. Trotz schlechter Bodenqualität war die Ausformung des Geländes für die Anlage eines englischen Landschaftsgartens ideal, wozu insbesondere die beiden natürlichen Wasserläufe und die kleinen Waldstücke beitrugen. Innerhalb weniger Jahre kreierte Voght Parkszenen und Landschaftsbilder, die jeden Besucher ins Schwärmen brachten. In den Dokumenten, die Voght hinterlassen hat, nennt er zwar keinen Gärtner oder Gartenkünstler, der ihn in dieser frühen Phase der Ausgestaltung seines Anwesens unterstützte. Es ist jedoch anzunehmen, dass ihm der Freund und spätere Architekt seines Landhauses, Johann August Arens, bei der Planung der Parkgestaltung zur Seite stand. Von einer seiner Englandreisen brachte Voght 1795 den englischen Landschaftsgärtner und Sohn eines Baumschulmeisters James Booth (1772–1814) mit und verpachtete ihm die südöstlichen Flächen des Parks für eine Gärtnerei und Baumschule. Das Familienunternehmen Booth existierte bis 1884 und versorgte die Elbvororte, die bis dahin nur einen spärlichen Baumbestand aufzuweisen gehabt hatten, mit einer großen Anzahl verschiedenartigster Bäume und Sträucher. Aus der Booth'schen Baumschule gingen später noch zwei weitere namhafte Gärtnerbetriebe hervor, die bis heute tätig sind: die Firmen Ansorge und von Ehren.

Bei der Ausgestaltung des nach englischem Vorbild angelegten Landschaftsgartens sollte es nach Voghts Vorstellung aber nicht bleiben. Seine Ideen gingen nun mehr in die Richtung einer »ornamented farm«, die die Ästhetik mit dem Nützlichen verbinden sollte. Ziel war es, die landwirtschaftlichen Nutzflächen in die Parklandschaft zu integrieren und so einen vollendeten Garten zu schaffen. So waren es nicht nur die geschwungenen Pfade, die mit großem Kalkül gepflanzten Solitärbäume, kleine Brücken und Hütten, die das Landschaftsbild prägten, sondern auch die Felder, das Vieh und die Landarbeiter.

Seinen landwirtschaftlichen Betrieb, auf den er modernste agrarwissenschaftliche Erkenntnisse übertrug und für den er modernstes Ackergerät aus England kommen ließ, führte Voght so erfolgreich, dass ihm der dänische König 1796 den Titel »Etatsrat« verlieh.

Erste Veränderungen unter Jenisch

Inzwischen 76 Jahre alt, verkaufte Baron Caspar Voght 1828 sein Landgut an den befreundeten Hamburger Kaufmann und Senator Martin Johann Jenisch, behielt sich jedoch ein lebenslanges Wohnrecht in seinem Landhaus vor. Dort verbrachte er den Rest seines Lebens bis zu seinem Tod 1838.

Für Jenisch hatte der Park vor allem repräsentative Zwecke zu erfüllen, sodass er die Landwirtschaft im Süderpark einstellte und den Hamburger Garteninspektor Johann Heinrich Ohlendorff (1788–1857) mit der Umgestaltung des Areals beauftragte. Im Zentrum sollte nun vor allem das klassizistische Herrenhaus stehen, das Jenisch 1831 bei dem Architekten Franz Gustav Forsmann (1795–1878) in Auftrag gab und das dieser, einem von Karl Friedrich Schinkel überarbeiteten Entwurf entsprechend, nach drei Jahren Bauzeit vollendete (Abb. 14). Wie in den Sommervillen üblich, fanden hier zahlreiche Festlichkeiten statt, bei

14 JENISCH HAUS

denen unter anderen auch der dänische König Christian VIII. und Kaiser Wilhelm II. zu Gast waren.

In die Zeit von Senator Jenisch fällt auch die Anlage des sogenannten »pleasure grounds« mit Blumenanlagen und Schaugewächshäusern nördlich des neuen Wohnhauses (Abb. 15). Seltene Pflanzen gehörten in der damaligen Zeit zu den besonders beliebten Sammlerobjekten. So verfügte auch Jenisch über eine große Sammlung an Orchideen, die bis zu 875 verschiedene Arten umfasste. 1837 erfolgt der Bau eines Pförtnerhäuschens mit schmiedeeisernem Tor in der Holztwiete 9, das seit 1962 an der Baron-Voght-Straße steht und das wir passieren, wenn wir später den Park verlassen.

1881 erbte ein Großneffe Jenischs, Martin Rücker Jenisch, den Park samt Villa. 1906 wurde er in den Adelsstand erhoben und konnte sich von nun an »Freiherr von Jenisch« nennen – anlässlich des Besuchs von

15+16 PLEASURE GROUND UND EIERHÜTTE IM JENISCHPARK

Kaiser Wilhelm II. wurde im gleichen Jahr das »Kaisertor« eingerichtet (Abb. 17). Von hier aus führt ein elegant geführter Weg durch den Park zum Jenisch Haus, das strahlend auf der Anhöhe thront. Das kleine, zum Eingang gehörige Parkwärterhäuschen wird heute vom Verein »Freunde des Jenischparks« genutzt.

Nach dem Tod von Freiherr von Jenisch 1924 drohten die Parzellierung und der Verkauf des Geländes. 1927 übernahm zunächst die Stadt Altona den Park in Pacht, um ihn wie viele andere Grünflächen an der Elbe vor dem Ausverkauf zu bewahren. Auch hier waren der Altonaer Oberbürgermeister Max Brauer und der Altonaer Bausenator Gustav Oelsner federführend aktiv. Das Jenisch Haus wurde nach 1928 zunächst als Gästehaus der Stadt Altona und als Museum genutzt, bis es 1955 vollständig renoviert und gänzlich zum Museum umgewidmet wurde. 1961/62 erfolgte dank einer Stiftung durch Hermann F. Reemtsma der Bau des Ernst Barlach Hauses. Der Entwurf für das eingeschossige Backsteingebäude, das mit seiner weißgeschlämmten Fassade ein elegantes Pendant zum klassizistischen Landhaus bildet, stammte von Werner Kallmorgen (1902–1979, Sohn von Georg Kallmorgen).

Der Jenischpark steht seit 2001 unter Denkmalschutz. Einige Elemente des Flottbeker Parks wurden nach den Ideen von Caspar Voght wiederaufgebaut. So passiert man seit 1995 auf einem Spaziergang durch den Park

17+18 KAISERTOR UND KNÜPPELBRÜCKE

zum Beispiel wieder die »Eierhütte« (Abb. 16), die ihren Namen den ovalen Fenstern verdankt und die der Spruch »Amicis et quieti« – Den Freunden und der Muße – ziert. Auch wurde 1997 die Hohe Brücke neu errichtet, die aufgrund ihrer Bauweise aus rohem Holz bei den Othmarschern unter dem Namen »Knüppelbrücke« (Abb. 18) bekannt ist. 1998 wurde auch das Schaugewächshaus wieder geöffnet, 2004/5 das Kaisertor saniert, und 2005 folgte die Errichtung der Sitzgruppe beim Jenisch Haus. Das Gelände des Jenischparks umfasst heute 42 Hektar.

Leider nicht mehr vorhandene Bauten aus der Zeit von Caspar Voght sind die Koopmannsche Wachsbleiche (heute: pleasure ground), ein Eiskeller (beim Ernst Barlach Haus) sowie ein antikischer Pavillon. Die Pläne, im alten Gartenbauamt am Hochrad nördlich des Jenisch Hauses ein Museum mit Werken des Hamburger Malers und Grafikers Eduard Bargheer (1901–1979) einzurichten, haben sich inzwischen scheinbar endgültig zerschlagen. Auch die Zukunft des Gewächshauses ist mangels finanzieller Mittel ungewiss.

Wir verlassen nun den Park durch das schmiedeeiserne Tor. Hier hat es noch zu Voghts Zeiten eine kleine Pforte gegeben – allerdings ohne Pförtnerhaus. Um in den Park zu gelangen, musste man an der Kopfseite der rechts liegenden Instenhäuser klingeln. Hier gab es ein kleines ovales Fenster, durch das die Bewohner der dahinterliegenden Wohnung den

19 INSTENHÄUSER, UM 1920

Zugang zum Park im Auge hatten. Gegen ein geringes Entgelt durften die Besucher in den Park. Das heutige Tor stammt aus der Zeit Johann Martin Jenischs und wurde 1962 von der Holztwiete hierher versetzt.

 INSTENHÄUSER

Die Landarbeiter auf Voghts Mustergut hatten es verhältnismäßig gut. So beschäftigte der Gutsherr seine Arbeiter nicht als Tagelöhner, sondern durchgehend das ganze Jahr. Auch sorgte er für medizinische Hilfe im Krankheitsfall und für die Schulbildung der Kinder. Die Instenhäuser ließ Caspar Voght für seine Landarbeiter zwischen 1786 und 1798 errichten (Abb. 19). Gegen eine geringe Miete fanden sie dort Unterkunft. Als »Inste« (niederdeutsch für Insasse) bezeichnete man Landbewohner, die keine eigene Wohnung hatten und daher Wohnraum mieten mussten. Jede der Wohnungen verfügte über eine Stube mit Alkoven und einer Küchenzeile.

1992 fiel ein Teil der Häuserzeile einem durch Brandstiftung ausgelösten Feuer zum Opfer. Beim Wiederaufbau 1993/94 wurde auf möglichst große Originaltreue geachtet. So ließ man zum Beispiel das Reetdach und die Klöndören wiederherrichten. Die »Klöndören« sind zweigeteilte

Haustüren, deren oberer Teil sich öffnen ließ, sodass man sich auf den unteren aufstützen konnte, um mit den Nachbarn zu »klönen«. Allerdings wurde bei der Rekonstruktion der Häuser das Dach ausgebaut, und die Wohnungen wurden zur Rückseite hin erweitert, sodass sie heutige Wohnstandards erfüllen.

Auf der gegenüberliegenden Straßenseite befindet sich das ehemalige Landhaus von Caspar Voght.

7 LANDHAUS VOGHT

Zunächst wohnte Caspar Voght in einem einfachen Bauernhaus, das jedoch 1793 abbrannte. Voght begab sich daraufhin erst einmal auf eine dreijährige England- und Schottland-Reise (1793–1796), um sich dem Studium der Botanik, der Physik und der Agrarchemie zu widmen. Noch von unterwegs beauftragte er den Architekten Johann August Arens (1757–1806), neben Christian Frederik Hansen einer der bedeutendsten klassizistischen Baumeister in Hamburg, mit dem Bau eines neuen Wohnhauses. Gefördert wurde Arens durch die Patriotische Gesellschaft, die sein Studium in Göttingen und Kopenhagen finanzierte. Eine Zeitlang arbeitete er in Frankreich und lernte dort die französische Revolutionsarchitektur kennen. Er befasste sich außerdem intensiv mit der englischen Landhausarchitektur und deren Parks und schloss sich bei einer Rom-Reise einem Kreis von Künstlern um Goethe an. Während die Bauten seines Studienfreundes Hansen zu einem weit größeren Teil erhalten sind, gibt es von Arens' Schaffen in Hamburg nur noch wenige Spuren. Lediglich eine Begräbniskapelle an der Jungiusstraße, das Büsch-Denkmal am Dammtor sowie das Landhaus Voght zeugen von seinem Wirken.

Bei der Gestaltung des Hauses legte Voght wert auf ein bescheidenes Äußeres (Abb. 20). Im Inneren hingegen sollte das zweigeschossige Landhaus mit teilweisem Säulenumgang und über 23 Gästezimmern alle Annehmlichkeiten der damaligen Zeit aufweisen. So waren zum Beispiel die Toiletten mit neuartigen »englischen Maschinen« zur Wasserspülung ausgestattet. Außerdem wurde reichlich Marmor und Mahagoni verbaut, der Festsaal war mit feinen Stuckarbeiten und Deckengemälden versehen. Für die Gartenanlage engagierte Voght den Gartenarchitekten Joseph Jacques Ramée, der später auch den Baurs Park gestaltete. Aus der Zeit von Voght sind heute noch der kleine Teich und eine Brücke erhalten. Um die Größe des Hauses zu verbergen, wurden rund um den Bau reichlich Bäume und Sträucher gepflanzt. Das Haus hat viele Festlichkeiten und Abendgesellschaften gesehen, auf denen Voght seine zahlreichen Freunde empfing.

Wir entfernen uns nun über die Baron-Voght-Straße weiter von der Elbe. Wer möchte, kann einen kleinen Abstecher zur Jürgensallee auf der linken Seite machen. Die an der Jürgensallee 73–95 und 102–104 befindlichen Instenhäuser stammen aus der Zeit von Martin Johann Jenisch. 1987 wurde das Ensemble unter Denkmalschutz gestellt, 2007 eröffnete hier das Hotel Landhaus Jenischpark. Das luxuriöse Gästehaus bietet in volleingerichteten kleinen Appartements Wohnen auf Zeit.

Unser Weg führt weiter über die Straße Hochrad. Hier, im ehemaligen Dorfkern, sind noch einige Gebäude der Gemarkung Klein Flottbek erhalten, die in der Folge der Gebietsreform von 1937 vor allem auf die Stadtteile Othmarschen und Nienstedten aufgeteilt wurde. So findet man unter der Nummer Hochrad 69 ein typisches niederdeutsches Fachwerkhaus, das dem Bauernvogt Jacob Biesterfeld gehörte. Bei dem Haus mit der 35 nahe dem Löschteich handelt es sich um ein Handwerkerhaus. Gegenüber dem Löschteich biegen wir nun in den Ohnsorgweg ab. Bei den Häusern mit der Nummer 7–9 handelt es sich um die letzten erhaltenen Kleinkaten. Weiter geht es am Ende der Straße nach rechts in die Otto-Ernst-Straße. Wir folgen dem Verlauf der Otto-Ernst-Straße, bis auf der rechten Seite der langgestreckte Bau des Christianeums erscheint.

 **CHRISTIANEUM**

An der Otto-Ernst-Straße 34 befindet sich der Neubau des traditionsreichen Altonaer Gymnasiums »Christianeum«, das von Arne Jacobsen und Otto

20+21 LANDHAUS VOGHT, 1912, UND CHRISTIANEUM

Weidling als einer der qualitätsvollsten Hamburger Bauten seiner Zeit entworfen und zu Beginn der 1970er Jahre fertiggestellt wurde (Abb. 21). Ein Vorgängerbau der pädagogischen Einrichtung, der 1931 von Gustav Oelsner entworfen wurde und in Othmarschen stand, hatte zuvor dem Bau der Autobahn weichen müssen. Der zweigeschossige Sockelbau von Jacobsen und Weidling ist mit einer Dachkonstruktion versehen, die wie eine überdimensionale Pergola wirkt und dem Gebäude eine gewisse Leichtigkeit verleiht.

Das humanistische Gymnasium Christianeum geht auf die Gründung einer ersten Lateinschule in Altona Ende des 17. Jahrhunderts zurück, die 1724 einen Neubau an der Königstraße bezog, bald darauf in den Rang eines Gymnasiums erhoben wurde und 1744 ihren heutigen Namen erhielt. Im Krieg zerstört, blieb von der Schule nur das barocke Portal erhalten, das heute vor dem neuen Gebäude an die jahrhundertelange Geschichte des Christianeums erinnert.

Neben dem Christianeum gibt es in Othmarschen noch einige weitere renommierte Schulen wie die Gymnasien Othmarschen und Hochrad, die sich unweit des S-Bahnhofs befinden. Bis vor wenigen Jahren hatte auch die Internationale Schule ihren Standort in Othmarschen. Sie befindet sich jetzt in Groß Flottbek.

Über die Alexander-Zinn-Straße gelangen wir zurück zur Waitzstraße und zum S-Bahnhof Othmarschen.

CAFÉS / RESTAURANTS

Café Schmidt
Beselerplatz 10
22607 Hamburg
www.cafeschmidt.com
→ *sehr guter Kuchen, famose Torten*

Dill sin Döns
Elbuferweg 95
→ *ideal für den Zwischenstopp, kleine Snacks*

Eisbahn
Reventlowstraße
→ *keine Schlittschuhbahn, sondern Eis direkt im Bahnhofsgebäude*

Eis Schmidt
Waitzstraße 22
www.eis-schmidt.com
→ *im Sommer Eis, im Winter »Zucker- bäckerei«*

El Chianti
Otto-Ernst-Straße 32
www.restaurant-el-chanti.de
→ *Restaurant im Großflottbeker Tennis-, Hockey- und Golfclub e.V.*

Zur Flottbeker Schmiede
Baron-Voght-Straße 79
www.zurflottbekerschmiede.de
→ *südländische Tapas im norddeutschen Schmiedehaus*

Museumscafé im Jenisch Haus
Baron-Voght-Straße 50
www.altonaermuseum.de / jenisch_haus.html
→ *Café im ehemaligen Billardzimmer des Senators*

Newport
Waitzstraße 18
→ *Café für Genießer*

Ralphs Kiosk im Jenischpark
Baron-Voght-Straße 50 A
→ *kleines Parkcafé im Jenischpark*

Restaurant Hala
Beselerplatz 11
www.restaurant-hala.de
→ *feine libanesische Küche*

Restaurant Rodan
Waitzstraße 20
www.restaurant-rodan.de
→ *Brasserie mit Mittags- und Abendkarte*

Restaurant To'n Peerstall
Hochrad 69
22605 Hamburg
www.ton-peerstall.de
→ *Restaurant im Peerstall aus dem 17. Jahrhundert*

LÄDEN

A. Glasmeyer Lebensmittel
Waitzstraße 1-3
www.glasco.de
→ *Supermarkt im Landhaus, seit 1961*

Buchhandlung Harder
Waitzstraße 24
www.buchhandlung-harder.shop-asp.de
→ *kleine Traditionsbuchhandlung, seit 1876*

byGraziela
Beselerplatz 3 A
→ *»Mini Flagshipstore« mit 70er-Jahre-Designs von Graziela Preiser im Pavillon am Beselerplatz*

CASA delle scarpe
Waitzstraße 2-4
www.casa-schuhe.de
→ *schicke italienische Schuhe*

Clothilde
Waitzstraße 27
www.clothilde.net
→ *Kinderschuhe und Accessoires*

Die Engelei
Waitzstraße 8 und Waitzstraße 18
→ *Pariser Haute-Couture in der Waitz-straße*

Fiori Botticelli
Waitzstraße 27
www.fiori-botticelli.de
→ *»finest florist«*

Fischhandlung Böttcher
Waitzstraße 20
→ *der Fischladen in der Waitzstraße*

Fleischerei Hübenbecker
Waitzstraße 17
www.fleischerei-huebenbecker.de
→ *erstklassiger Metzger*

Floristik Hester
Waitzstraße 19
www.floristik-hester.de
→ *traditioneller Blumenladen*

Hansen's Backstube 10
Waitzstraße 10
→ *familiengeführte Bäckerei, seit 1926*

Kochen & Genießen
Waitzstraße 21
www.kochen-geniessen.info
→ *hochwertige Haushaltswaren, Bade-accessoires und Hundezubehör*

Marianne Strahlendorff
Waitzstraße 12
www.strahlendorffhamburg.com
→ *erstklassige Mode und Accessoires, seit 1972*

Natürlich – Naturkostladen
Waitzstraße 32
www.natuerlich-naturkost.de
→ alles bio!

Obst und Gemüse Demir
Beselerplatz 11
→ alles frisch, der Gemüsehändler an der
Waitzstraße

Peter Wilkens
Waitzstraße 24
→ Herrenausstatter mit über hundert-
jähriger Firmengeschichte, seit 1950 in der
Waitzstraße

Quotes
Waitzstraße 19
www.quotes-club.de
→ Buchhandlung mit Live-Beratung im
Skype-Chat

Salima
Waitzstraße 21
www.salima-hamburg.de
→ Spielwaren & Kinderbekleidung

Same to Same Kollektion
Beseler Platz 10
→ Maßanfertigungen der Modedesignerin
Sabine Scheefe

Schoneweg Optik
Beseler Platz 12
www.schoneweg.de
→ hochwertige Brillen und exklusive
»Schoneweg Handarbeit Brillengestelle«

Steen
Waitzstraße 2
www.steen-fashion.de
→ Mode internationaler Designer

Strumpflädchen Barbara Fischbeck
Waitzstraße 14
→ Experten für Strümpfe und Strumpf-
hosen

Wein Cabinet
Waitzstraße 26
→ umfangreiches Weinsortiment

Weingarten Schmuck
Waitzstraße 3
→ individuell gefertigte Schmuckstücke
seit 1976

Work-art-Hutdesign
Beselerplatz 10
www.workart-hutdesign.de
→ Strohhüte, Filzhüte, Stoffhüte

HOTELS

Das weiße Hotel an der Elbchaussee

Elbchaussee 279

www.das-weisse-hotel.de

→ *Hotel der höheren Preisklasse mit direktem Zugang zum Elbuferwanderweg und Elbstrand*

FREIZEIT / SPORT

Großflottbeker Tennis-, Hockey- und Golf-Club e.V.

Otto-Ernst-Straße 32

www.gthgc.de

→ *1901 gegründeter Verein mit heute mehr als 2000 Mitgliedern*

KULTUR

Ernst Barlach Haus – Stiftung Hermann F. Reemtsma

Baron-Voght-Straße 50 A

www.barlach-haus.de

→ *zahlreiche Hauptwerke von Ernst Barlach und Sonderausstellungen zur Klassischen Moderne und Gegenwartskunst*

SOZIALES / NON-PROFIT

Bürgerverein Flottbek-Othmarschen e.V.

Waitzstraße 26

www.bvfo.de

→ *1984 gegründeter Bürgerverein*

NIENSTEDTEN

3

Westerpark ★ Derby Park ★ Wesselhoeftpark ★ Teufelsbrück ★ Landhaus Wesselhoeft ★ »Elbschlösschen« ★ Internationaler Seegerichtshof ★ Hotel Louis C. Jacob ★ Kirche Nienstedten / Marktplatz ★ Friedhof Nienstedten ★ Hirschpark

STARTPUNKT: S-Bahn-Station Klein Flottbek
ENDPUNKT: Bushaltestelle Mühlenberg (Buslinie 36)
DAUER: etwa 3 Stunden

Nienstedten hat sich seinen dörflichen Charakter über die Jahrhunderte bis heute bewahrt. Auf einem Geestrücken an der Elbe gelegen, war es wie seine Nachbarn Othmarschen im Osten und Dockenhuden sowie Blankenese im Westen seit dem 17. Jahrhundert Anziehungspunkt für die wohlhabenden Einwohner Altonas und Hamburgs. Heute gehören alle Ortschaften zu den Stadtteilen des Bezirks Altona und damit zu Hamburg.

Erstmals erwähnt wurde das Kirchspiel Nienstedten in einer Schenkungsurkunde von 1297, mit der Graf Adolf VI. von Schauenburg das »Kerspell Nigenstede« zusammen mit dem Kirchspiel Eppendorf und der Elbinsel Gorieswerder seiner Frau Helena »zum Wittum«, das heißt als vorgezogenes Erbe, vermachte. »Nigenstede« ist allerdings nur eine der vielen Namensvarianten – neben Niegenstede, Nygenstede, Neuenstädten, Nienstede –, die Eingang in die Chroniken und Geschichtsbücher gefunden haben und allesamt eine »neue Stätte« bezeichnen. Ob es zuvor eine »alte Stätte« gegeben hat, ist ebenso ungewiss wie die Antwort auf die Frage, wer die »neue Stätte« gegründet hat. Auch die genaue Lage der ersten Häuser des Dorfes ist nicht geklärt. Eine Erwähnung als Fischerdorf um 1325 lässt vermuten, dass seine Bewohner zunächst am Ufer in Flussnähe siedelten.

Aufgrund von Deichbaumaßnahmen und natürlichen Veränderungen des Flusslaufs mussten die Bewohner sich nach und nach gen Norden zurückziehen. Die Vermutung liegt nahe, dass Teile des ursprünglichen Dorfes durch Sturmfluten in der Elbe versanken. Die größer werdende Entfernung zur Elbe führte dann wohl dazu, dass die Fischerei aufgegeben wurde und in späteren Dokumenten nicht mehr erwähnt wird. Immer mehr tritt die Landwirtschaft in den Vordergrund und prägt teils noch heute den Stadtteil.

Neben den Wohnhäusern wandert auch der Dorfmittelpunkt, die Kirche, im Laufe weniger Jahrzehnte immer weiter den sicheren Geesthang hinauf. Hochwassergefahr führte 1589/90 zunächst zur Erhöhung des Kirchhofs um die Kirche und 1636 zum Bau der »Neuen Kirche« am heutigen Standort. Der Kirchenbau, der heute an dieser Stelle steht und zu dem uns unser Rundgang noch führt, stammt aus dem Jahr 1751. Er ist einer der ältesten Bauten Nienstedtens.

Wie die umliegenden Gemeinden gehörte Nienstedten über zweihundert Jahre zum dänischen Königreich, bis es 1864 im Zuge des Deutsch-Dänischen Krieges preußisch wurde. Wie alle Elbvororte blieb es bis zur Eingemeindung nach Altona 1927 eigenständig. Ein Stadtteil Hamburgs wurde es schließlich durch das Groß-Hamburg-Gesetz, welches 1937 durch die Reichsregierung erlassen wurde.

 WESTERPARK

Unser Rundgang beginnt an der S-Bahn-Station Klein Flottbek (Ausgang Jürgensallee). Diese Bahnstation war neben der Haltestelle Bahrenfeld Teil der am 19. Mai 1867 eröffneten Bahnlinie zwischen Altona und Blankenese, die zur systematischen Erschließung der Elbvororte führte. Mit seinen Rundbogenfenstern und Ornamenten erinnert das kleine ehemalige Bahnhofsgebäude (Abb. 1) an das Bahnhofsgebäude in Blankenese, das zur gleichen Zeit errichtet wurde. Unser Weg führt wenige Meter die Jürgensallee Richtung Osten entlang zum Eingang des Westerparks. Der Westerpark (Abb. 2) wie auch das gegenüberliegende Gelände des Derby Parks ge-

hörten ursprünglich zu einem von Baron Caspar Voght (1752–1839) angelegten englischen Landschaftsgarten, der »ornamented farm« (vgl. Rundgang 2). Neben der Kultivierung diverser Nutzpflanzen ließ Voght mit Unterstützung des englischen

2 WESTERPARK

Landschaftsgärtners James Booth (1772–1814) auf seinem Mustergut eine der ersten Baumschulen Norddeutschlands anlegen, die später zu einer der größten zusammenhängenden Baumschulen Europas wurde.

Ab Mitte des 20. Jahrhunderts wurde das durch tiefe Taleinschnitte geprägte Gelände schließlich aufgeschüttet, um eine ebene und trockene Fläche für intensive landwirtschaftliche Nutzung zu schaffen. Bis in die 1990er Jahre hinein bewirtschaftete die seit 1865 in Nienstedten ansässige Baumschule Lorenz von Ehren das Areal. Durch die Verlagerung des Firmensitzes in den Süden Hamburgs bot sich die Möglichkeit, dem Park seine ursprüngliche Geländeformung zurückzugeben.

Ein Spaziergang durch den Park führt über weite Flächen und romantische Holzbrücken und kreuzt immer wieder den Lauf des Flüsschens Flottbek. An vielen Stellen bieten Bänke einen Ruheplatz. Besonders beliebt ist der Westerpark bei Hundebesitzern und ihren Vierbeinern, denn die Hundewiese bietet einen guten Platz zum Rennen und Rumtollen ohne Leinenzwang.

DERBY PARK

Bevor wir nun den Weg zum Wesselhoeftpark fortsetzen, machen wir einen kleinen Abstecher in Richtung des östlich gelegenen Derby Parks

Klein Flottbek (Abb. 3), dessen Gelände wie der Westerpark einst zum
Voght'schen Landgut gehörte. Seit nahezu einem Jahrhundert findet hier
einmal jährlich im Mai das Deutsche Spring- und Dressurderby statt,
das mit den internationalen Größen des Reitsports besetzt ist und viele
Zuschauer anzieht. Der seit 1920 kaum veränderte Parcours gilt mit seinen 17 Hindernissen als einer der schwierigsten der Welt (Abb. 4). Sein
bekanntestes und im Springreiten weltweit berüchtigtes Hindernis ist das
»Pulvermanns Grab« genannte 14. Hindernis. Es besteht aus einer 15 Meter
langen und jeweils mit einem Rick am Anfang und am Ende versehenen
Senke, in deren Mitte sich ein Wassergraben befindet. Benannt wurde

4+5 DERBY-PARCOURS UND MÜHLENTEICH IM WESSELHOEFTPARK

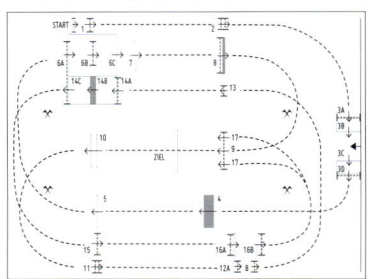

das Hindernis nach dem Hamburger Kaufmann und passionierten Jagd- und Springreiter Eduard F. Pulvermann (1882–1944), der den Parcours des Derby Parks gestaltete. Das Gelände wird von prachtvollen Solitäreichen gesäumt, die einen idealen Rahmen für Gartenmessen und gelegentlich stattfindende Freiluftkonzerte bilden.

Wir kehren nun entlang eines von historischen Obstbäumen gesäumten Wegs zum Westerpark zurück, wenden uns gen Süden und überqueren die Straße Quelltental, um in den Wesselhoeftpark zu gelangen.

3 WESSELHOEFTPARK

Die Verbindung vom Westerpark zur Elbe führt über den zum weiter südlich gelegenen Landhaus Wesselhoeft gehörenden Wesselhoeftpark (ehemals Sillems Park), den der Hamburger Kaufmann Carl Johannes Wesselhoeft (1816–1903, Abb. 6) zusammen mit dem Landhaus 1864 erwarb und durch erlesene Neuanpflanzungen (wie z.B. Atlas-Zedern) verschönern ließ. Auch wenn der Park zu einem der unbekannteren Parks der Stadt gehört, hat er doch einen ganz eigenen Charakter.

1953 wurde das Parkgelände an die Stadt Hamburg verkauft und öffentlich zugänglich gemacht. Der alte Baumbestand und die zwei durch Aufstauung des Bachlaufs entstandenen Mühlenteiche (Abb. 5) sowie die etwas verwilderte Uferböschung geben dem Park eine romantisch-idyllische, ja fast verwunschene Anmutung. Bänke am Ufer laden zum Verweilen und Beobachten der Wasservögel ein. In kalten Wintern friert der größere der Teiche durch sein ruhiges Wasser schnell zu und lässt sich dann wunderbar zum Schlittschuhlaufen nutzen.

6 CARL JOHANNES WESSELHOEFT (1816–1903)

Unser Weg führt nun vom Wesselhoeftpark auf die Straße Lünkenberg und direkt auf den Fähranleger »Teufelsbrück« zu (Abb. 7), der für den Fährtransfer von und nach Finkenwerder genutzt wird.

7 FÄHRANLEGER TEUFELSBRÜCK

4 TEUFELSBRÜCK

Stark frequentiert wird der Anleger in den Morgen- und Abendstunden insbesondere von Mitarbeitern des Airbus-Werks auf der anderen Elbseite. Der benachbarte Segel- und Freizeithafen (Abb. 8) hat sich aus einem kleinen Handelshafen entwickelt, dessen Mole 1888 in Betrieb genommen wurde. Einige Jahrzehnte fand hier ein zwar überschaubarer, aber reger Handelsverkehr statt. 1933 kam eine kleine Bootslagerung und -vermietung dazu. Wegen Unterspülung und der daraus resultierenden Baufälligkeit wurde die Kaianlage allerdings Anfang der 1960er Jahre abgerissen.

Zur Namensgebung des Ortes gibt es unterschiedliche Erklärungen. Einer dieser Legenden nach soll sich hier Folgendes zugetragen haben: Wo die »Flottbek« in die Elbe mündet und die Elbchaussee kreuzte, ermöglichte einst eine Furt das Passieren der Kutschen und Wagen entlang der Elbchaussee. Allerdings soll es dabei häufig zu Unfällen gekommen sein, weshalb man den Bau einer Brücke vorsah. Der Brückenbaumeister hatte mit dem Bau der Brücke aber so seine Schwierigkeiten. Durch den morastigen Untergrund im Mündungsbereich der Flottbek sollen die Brückenpfeiler nämlich immer wieder eingesackt sein. Der Teufel habe dem Ingenieur daraufhin seine Hilfe angeboten und als Gegenleistung die Seele des ersten Wesens verlangt, das über die Brücke gehen würde. Dem erfolglosen

8+9 SEGELHAFEN UND TEUFELSSKULPTUR

Baumeister blieb nichts anders übrig, als das Angebot anzunehmen. Der Teufel hielt sein Versprechen, und schon bald konnte die Brücke feierlich und mit dem Segen des Pfarrers eingeweiht werden, dem auch die Ehre zugedacht war, als Erster die Brücke zu überschreiten. Man darf sicher annehmen, dass der Teufel sich bereits auf die Seele des Pfarrers gefreut hatte. Doch nach der Legende wurde durch die jubelnde Menge ein Hase aufgescheucht, der am Pfarrer vorbeihuschte, als dieser die Brücke betreten wollte. Als erstes Lebewesen hoppelte also ein kleiner Hase über das neue Bauwerk. Der Teufel soll daraufhin wutschnaubend in die Elbe gesprungen sein, und manch einer behauptet bis heute, dass es hier zeitweise nach Schwefel, einem in der Mythologie häufig mit dem Teufel assoziierten Element, rieche. Eine Teufelsskulptur aus Sandstein, deren Vorgänger aus Holz, Bronze und anderen Materialien seit 1928 immer wieder zur Diebesbeute geworden sind, erinnert an diese Legende (Abb. 9).

Eine schlichtere, volksetymologische Variante erzählt hingegen, dass es in dänischer Zeit zwei Brücken gegeben habe und man von der »dövelten«, also einer doppelten Brücke gesprochen habe. Im Laufe der Zeit sei daraus einfach »Düvelsbrück« geworden.

Wer nun eine kleine Pause einlegen und dabei dem Elbschiffverkehr zuschauen möchte, dem bietet sich diese Gelegenheit im auf dem Fähranleger gelegenen Café Engel.

10+11 LANDHAUS WESSELHOEFT UND LANDHAUS J.H. BAUR (»ELBSCHLÖSSCHEN«)

5 LANDHAUS WESSELHOEFT

Der Weg führt weiter Richtung Westen entlang der Elbchaussee, wo an der Einmündung zur Christian-Frederik-Hansen-Straße auf der rechten Seite das zum Wesselhoeftpark gehörende Landhaus Wesselhoeft steht (Elbchaussee 352, Abb. 10). Das klassizistische Landhaus wurde 1826 im Auftrag des Hamburger Senators und Bürgermeisters Martin Garlieb Sillem (1769–1835) von einem unbekannten Baumeister errichtet. Heute ist das Landhaus nach einem der folgenden Besitzer, Carl Johannes Wesselhoeft benannt (vgl. Station 3). Der schlichte zweigeschossige Putzbau auf rechteckigem Grund mit Walmdach umfasst nach einem Umbau inzwischen mehrere Einzelwohnungen. Auch die Fassade hat über die Zeit einige Veränderungen erfahren. So sind unter anderem die beiden Balkone an der Südfront im ersten Obergeschoss nicht mehr erhalten.

Unser Weg führt jetzt weiter die Christian-Frederik-Hansen-Straße entlang zum sogenannten »Elbschlösschen«.

6 LANDHAUS BAUR (»ELBSCHLÖSSCHEN«)

Das als Wahrzeichen Nienstedtens geltende »Elbschlösschen« (Abb. 11+12) wurde zwischen 1804 und 1806 errichtet. Entworfen wurde der Bau von Christian F. Hansen (1756–1845) für den Altonaer Kaufmann Johann Heinrich Baur (1767–1807). Es handelt sich dabei um ein klassizistisches Haus auf quadratischem Grundriss mit flacher

Kuppel und ionischer Tempelfront. Die Fassade ist durch einen Säulenportikus aufgebrochen. Die Innenräume, besonders der zentrale Kuppelraum, waren aufwendig gestaltet und von sakraler Anmutung. Johann Heinrich Baur konnte seinen neuen Wohnsitz jedoch nicht lange genießen. Nach seinem frühen Tod im Jahr 1807 übernahm sein jüngerer Bruder

12 ELBSCHLÖSSCHEN, SCHNITT

Georg Friedrich Baur (vgl. Station Baurs Park, Rundgang 4) den Besitz und ließ von dem Landschaftsgärtner Joseph Jacques Ramée (1764–1842) einen Park anlegen. Nach dem Tod von Georg Friedrich Baur 1865 erbte dessen Schwiegersohn das Anwesen, der es 1881 an die neugegründete Elbschlossbrauerei (Abb. 13) verkaufte. Durch die für den Brauereibetrieb notwendigen Bauten wie etwa die 1883 in Betrieb genommene Mälzerei wurde der Park dann weitestgehend zerstört und der Blick auf das Landhaus verbaut.

Gut hundert Jahre war die unter anderem für ihr »Ratsherren Pils« bekannte Elbschlossbrauerei mit dazugehöriger Schankwirtschaft Treffpunkt der Bewohner aus den umliegenden Gemeinden. 1995 wurde der Brauereibetrieb an der Elbchaussee eingestellt, 1999 schließlich auch das alte Brauereigebäude abgerissen und das Gelände erhöht. Inzwischen sind hier Luxuswohnungen und eine Seniorenresidenz entstanden. Auch für die Mälzerei wie für das stark heruntergekommene Elbschlösschen fanden sich neue Nutzer. Die unter Denkmalschutz stehende Mälzerei wurde von der Peter Döhle Schifffahrts-KG übernommen, aufwendig renoviert und dient seit 2005 als Firmensitz der Reederei mit der Adresse Elbchaussee 370. Das Elbschlösschen selbst fand im Jahr 2000 einen neuen Besitzer in der Hermann Reemtsma Stiftung, die das Gebäude mit Liebe zum Detail restaurierte und als Sitz der Stiftungsverwaltung herrichtete. Auch ein

13 ELBSCHLOSSBRAUEREI, UM 1940

Teil des Gartens konnte dabei rekonstruiert werden. Die einstige malerische Gestaltung lässt sich dennoch nur erahnen.

Dem Straßenverlauf ein Stück folgend, biegen wir nun in die Elbschlossstraße ein.

7 INTERNATIONALER SEEGERICHTSHOF

Auf dem rechter Hand gelegenen Grundstück erstreckt sich der Gebäudekomplex des Internationalen Seegerichtshofs, der im Jahr 2000 in Anwesenheit des damaligen UN-Generalsekretärs Kofi Annan eingeweiht wurde. Die Institution bezog mit ihren 21 Richtern einen eigens für diesen Zweck errichteten Neubau aus Glas, Stahl und Granit. Bei der Planung des 1997 begonnenen eindrucksvollen Baus der Münchener Architekten von Branca musste vor allem auf die Vorgaben der Denkmalschutzbehörde Rücksicht genommen werden. Im Zentrum der Anlage steht die einstige Villa des Bankiers Johann Rudolph Freiherr von Schröder (1852–1938), die elegant in das architektonische Gesamtkonzept mit einbezogen werden konnte (Abb. 14). Mit dem Einzug des Seegerichtshofs wurde das Areal zum »exterritorialen Gebiet«, das nicht der Hoheitsgewalt der Bundesrepublik Deutschland unterliegt. Zu erkennen ist dies unter anderem an den Sicherheitszäunen und -anlagen. Der Seegerichtshof wurde aufgrund des Seerechtsüberein-kommens der Vereinten Nationen 1982 eingerichtet und wird bei seegerichtlichen Streitigkeiten eingeschaltet, etwa wenn es um die Forderung nach umgehender Freigabe von Schiffen geht, die häufig wegen des Vorwurfs der illegalen Fischerei festgesetzt werden.

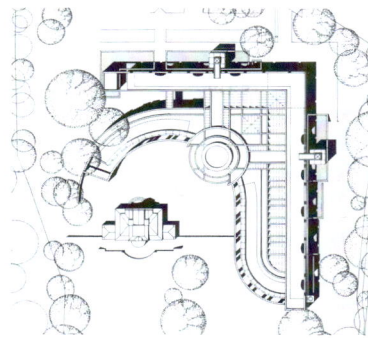

14 LAGEPLAN DES SEEGERICHTSHOFS

Gehen wir nun die Elbschlossstraße wieder hinunter bis zur Elbchaussee. Durch einen Tunnel, den Freiherr Schröder Ende es 19. Jahrhunderts anlegen ließ, gelangen wir zum Elbwanderweg. Ein kurzes Stück elbabwärts, und rechter Hand erhebt sich Jacobs Treppe, von wo sich nach wenigen Stufen der Blick auf die berühmte Lindenterrasse des »Louis C. Jacob«, eines der bekanntesten Hotels und Restaurants Hamburgs, eröffnet.

8 HOTEL LOUIS C. JACOB

Schon seit 1765 befand sich an der Stelle des heutigen Restaurants ein gastronomischer Betrieb. Doch Berühmtheit erlangte dieser Ort erst durch den aus Frankreich emigrierten Kunst- und Landschaftsgärtner Daniel Louis Jacques (Abb. 15), der seinen Namen in Hamburg in »Jacob« umgewandelt hatte und 1791 das gleichnamige Restaurant eröffnete.

Die Erfolgsgeschichte begann mit einem tragischen Unfall. Der Zuckerbäcker Nicolaus Paridom

15 LOUIS C. JACOB

Burmester, der das Grundstück samt Gebäuden von seiner Mutter geerbt hatte, pflegte ankommende oder auslaufende Schiffe mit Böllerschüssen aus einer eigens dafür angefertigten Kanone zu begrüßen. Im Sommer des Jahres 1790 hatte die Kanone allerdings eine Fehlfunktion und ging nach hinten los. Der Zuckerbäcker wurde dabei so schwer verletzt, dass er starb. Wenig später kam dann besagter Daniel Louis Jacques nach Hamburg, verliebte sich in die Witwe Burmester, heiratete sie und kaufte ihr schließlich das Grundstück am Elbhang ab.

Nach einigen Umgestaltungen eröffnete hier am 1. Juli 1791 die erste Herberge mit angeschlossener Weinstube. Auf diese Zeit und vor allem auf die Gestaltung durch den gelernten Landschaftsgärtner Jacob geht die berühmte Lindenterrasse zurück (Abb. 17), die nicht nur in sämtlichen historischen und aktuellen Reiseführern erwähnt wird, sondern auch in der Kunst verewigt wurde. Zu den bekanntesten Werken, die den legendären Außenbereich des Restaurants mit Elbblick darstellen, zählt das von Max Liebermann im Sommer 1902 gemalte Bild, das in der Kunsthalle Hamburg zu bewundern ist.

Für den zugewanderten Franzosen Jacob liefen die Geschäfte von Beginn an gut. Auch wenn es vor allem im 19. Jahrhundert noch Tagesausflügler waren, die es in die Elbvororte zog, konnte sich das Hotel über fehlende Übernachtungsgäste ebenfalls nicht beklagen. Ebenso war das Restaurant mit der weitläufigen Terrasse Anziehungspunkt für Ausflügler wie Fernreisende, ohne dabei zum Massenlokal zu werden.

16 HOTEL UND RESTAURANT LOUIS C. JACOB

In der Nachkriegszeit erstrahlte das Louis C. Jacob zunächst wieder in vollem Glanz, als Prominente wie Zarah Leander, Henry Miller oder Maria Callas sich hier ins Gästebuch eintrugen. Dann jedoch folgten Jahrzehnte der Krise, die

17 LINDENTERRASSE DES HOTEL JACOB, 1929

ihr trauriges Ende in einem Totalausverkauf fand. Seit den 1960er Jahren wechselten die Besitzer häufig, bis es seit 1993 wieder ruhiger und vor allem luxuriöser zuging. Der Hamburger Kaufmann Horst Rahe erwarb das Haus und setzte seine großen Pläne in die Tat um. Zukäufe historischer Gebäude und umfangreiche Renovierungen verhalfen dem Hotel zu alter Pracht, und trotz aller Modernisierungen wurde Rücksicht auf die historische Bausubstanz genommen, sodass innerhalb weniger Jahre eine elegante Kombination aus gediegener Tradition und modernem Gastronomie- und Hotelbetrieb entstand (Abb. 16). Nicht nur äußerlich lebte das Louis C. Jacob wieder auf, sondern auch kulinarisch erreichte das Restaurant neue Höhepunkte. In den letzten zehn Jahren haben Hotel, Restaurant und Mitarbeiter zahlreiche Auszeichnungen erhalten.

9 KIRCHE NIENSTEDTEN/NIENSTEDTENER MARKTPLATZ

Über Jahrhunderte war die Kirche in Nienstedten der Pfarrmittelpunkt für die umliegenden Gemeinden von Othmarschen bis Rissen. Aber nicht nur für diese. Denn bis zu Beginn des 16. Jahrhunderts war die Norderelbe so unbedeutend schmal, dass Kirchgänger etwa aus Finkenwerder bei tiefer Ebbe zu Fuß über die bei Nienstedten und Dockenhuden vorgelagerten Ackerflächen zum Gottesdienst in die Nienstedter Kirche gehen konnten. Sie mussten sich nur die Schuhe ausziehen und konnten dann durch das seichte Waser waten oder mittels eines ausgelegten Holzstegs die Elbe überqueren. Erst nach den Elbumleitungen und den großen »Mandränken« im 16. und 17. Jahrhundert, die zum Abtrag der Blankenese vorgelagerten Sandbank und zur Verlagerung des Hauptstroms von der Süder- an die Norderelbe führten, änderte sich dies.

Wenngleich die umliegenden Stadtteile heute ihre eigenen Kirchen haben, ist doch die Kirche in Nienstedten nach wie vor beliebt – beson-

18+19 KIRCHE NIENSTEDTEN UND EHEMALIGES GASTHAUS SCHNEPEL

20 NIENSTEDTENER MARKTPLATZ, UM 1920

ders bei Hochzeitspaaren. Die Kirche gilt deshalb bis weit über Hamburg hinaus als »Hochzeitskirche«. Idyllisch nahe am Elbhang und direkt gegenüber dem Restaurant Jacob gelegen, übt sie auf viele Besucher einen besonderen Reiz aus (Abb. 18).

Über die Vorgängerbauten ist wenig bekannt. Sie standen vermutlich weiter südlich und fielen Sturmfluten und Uferabbrüchen zum Opfer. Der jetzige Bau, nachweislich der sechste Kirchenbau in Nienstedten, wurde 1750/51 errichtet und am 16. Mai 1751 in Anwesenheit des Komponisten Georg Philipp Telemann (1681–1767) feierlich geweiht. Der Hamburger Musikdirektor hatte zur Einweihung eigens eine Kantate »Zerschmettert die Götzen« komponiert und leitete den Chor während der Feierlichkeiten selbst.

Nördlich der einschiffigen Fachwerkkirche liegt der idyllisch anmutende Dorfkern von Nienstedten. Reetgedeckte Häuser und die Kate Hasselmannstraße 18 sowie Bauten aus der Gründerzeit runden das dörfliche

Bild ab. In der Hasselmannstraße 16 befand sich seit 1885 das alte Gasthaus Schnepel (Abb. 19), das erst in den 1990er Jahren schloss. Alte Werbemalereien an der Hauswand erinnern an dieses Stück Nienstedtener Vergangenheit.

Von der Kirche gehen wir über die Sieberlingstraße weiter hinauf zum Nienstedtener Marktplatz.

Der Marktplatz (Abb. 20) ist heute wie vor Jahrhunderten Dreh- und Angelpunkt des Alltags in Nienstedten. Hier befinden sich kleine Geschäfte, in denen man alles für den täglichen Bedarf Notwendige erwerben kann. Große Ketten sucht man hier vergebens. Seit einigen Jahren gibt es einen Öko-Wochenmarkt, besonders beliebt ist ein zweimal im Jahr stattfindender Jahrmarkt. Trotz des nahen Stadtzentrums, des über die Elbchaussee vorbeirauschenden Straßenverkehrs und des stetigen Bevölkerungsanstiegs ist Nienstedten ein dörfliches Kleinod geblieben.

10 FRIEDHOF NIENSTEDTEN

Der fast 200 Jahre alte Friedhof in Nienstedten gehört zu den schönsten Friedhöfen Hamburgs. Im Frühjahr 1814 wurde er ohne förmliche Einweihung eröffnet. Hatte man die Toten zuvor im Umkreis der Kirche begraben, diente nun die westlich der Kirche liegende »Pastorenkoppel« – eine Weide- und Ackerfläche, die sich zuvor die Nienstedtener Pastoren zu ihrer Versorgung zunutze gemacht hatten – als neuer Begräbnisplatz. Notwendig geworden war die Erweiterung des Friedhofs vermutlich aufgrund der großen Sterblichkeit in dem der Umwidmung der Nutzflächen vorangegangenen Winter.

Auf dem Friedhof in Nienstedten konnten alle zum Kirchspiel gehörenden Dorfschaften ihre Toten bestatten. Die große Beliebtheit des Friedhofs, die nicht zuletzt auf die nahezu malerische Lage in der Nähe der Elbe zurückzuführen gewesen sein dürfte, machte mehrere Erweiterungen notwendig. Heute erstreckt sich das Gelände zwischen Elbchaussee und Rupertistraße über insgesamt zehn Hektar.

21+22 GRUFTANLAGE VOGHT UND GRABSTEINE IM MUSEUMSBEREICH

Ein Spaziergang über den Friedhof ist eine Reise in Hamburgs kulturhistorische Vergangenheit, die Namen auf zahlreichen Grabsteinen lesen sich wie ein Hamburger »Who is Who«. Zu den eindrucksvollsten und kostbarsten Gräbern gehört ohne Zweifel die Gruftanlage von Baron Caspar Voght, dessen Wunsch es war, auf dem kleinen ländlichen Friedhof in der Nähe seiner Farmarbeiter bestattet zu werden (Abb. 21). Sie befindet sich gleich rechts vom westlich an der Elbchaussee gelegenen Nebeneingang, über den wir den Friedhof betreten haben. Viele von Voghts Nachbarn an der Elbchaussee folgten seinem Beispiel und erwarben Gräber auf dem Nienstedtener Friedhof. Dabei war die Nachfrage nach »Eigenthumsgräbern«, in denen sich die traditionsbewussten, im engen Familienbund lebenden Hamburger und Altonaer Kaufmannsfamilien verewigen wollten, wesentlich höher als jene nach »Allgemeinen Gräbern«, die damals auf dreißig Jahre – heute gilt eine Ruhefrist von 25 Jahren – erworben werden konnten. Eine Verlängerung war nicht möglich. »Eigenthumsgräber« hingegen wurden dauerhaft erworben und sind mit den heutigen Wahl- oder Zeitgräbern zu vergleichen, welche nach Ablauf der Ruhefrist gegen Zahlung einer Gebühr verlängert werden können. Die wirtschaftliche Situation nach dem Ende des Ersten Weltkriegs führte dazu, dass viele Bewohner der Villen und Landhäuser an der Elbchaussee sich diese nicht mehr leisten konnten, sie verkauften und wegzogen. Dies hatte zur Folge,

92 dass sich für zahlreiche der auf Friedhofsdauer erworbenen Grabstätten keiner mehr so recht interessierte, Gräber verwahrlosten und schließlich aufgelöst wurden. Einige schützenswerte Grabmäler haben aber bis heute überdauert. Um trotz der Auflösung einen Großteil der Grabsteine zu erhalten, wurde ein Museumsbereich am südlichen Ende des Friedhofs nahe der Elbchaussee eingerichtet. Später kamen weitere Museumsbereiche auf ehemaligen Großgrabstätten hinzu. Dort werden Grabsteine gesammelt, deren Gestaltung für die jeweilige Epoche besonders typisch oder stilistisch und handwerklich besonders ausgefeilt ist (Abb. 22).

Insgesamt wurden Ende der 1970er Jahre sechs Grabstätten als »historische Grabstätten« unter Schutz gestellt und sollen unverändert erhalten bleiben. Zu ihnen gehört die Grabstätte von Bernhard Fürst von Bülow (1849–1929, Abb. 23). Der gebürtige Flottbeker war von 1900 bis 1909 Deutscher Reichskanzler und zeitweiliger Bewohner der nicht mehr vorhandenen »Elbparkvilla« am Rande des heutigen Hindenburgparks. Die Grabstätte von James Booth (Abb. 24), des aus Schottland stammenden Baumschulgärtners, der für Caspar Voght das Flottbeker Gut in eine Parklandschaft verwandelte, sowie die seines Sohnes John Richmond Booth (1799–1847), eines bedeutenden Pflanzenzüchters und -veredlers, der mit der Douglasie (Douglastanne) und der Sitka-Fichte zwei heute weitverbreitete Nadelhölzer in Deutschland einführte und für die Einbürgerung des Rhododendron in Hamburger Gärten sorgte, gelten ebenfalls als historische Gräber und stehen unter Schutz.

Eine weitere Ruhestätte, die sich zu dieser Kategorie zählen lässt, ist die von Carl Godeffroy (1787–1848) und Wilhelm von Godeffroy (1834–1904), Sohn und Enkel von Peter Godeffroy, der 1792 das »Weiße Haus« in Dockenhuden bauen ließ (Abb. 25). Carl Godeffroy war unter anderem Hanseatischer Ministerresident (diplomatischer Vertreter) in Petersburg und Berlin. Erwähnung verdienen an dieser Stelle noch das Grab von Karl Sieveking (1863–1932),

24+25 GRABSTÄTTE VON JAMES BOOTH UND GRABGRUFT GODEFFROY

Enkel des Hamburger Senatssyndikus Karl Sieveking (1787–1847), der vom Beginn seines Ruhestands Besitzer des »Weißen Hauses« war, sowie die Grabstätte Hans Henny Jahnns, die nach den Plänen des hier Bestatteten wie eine heidnische Kultstätte »geostet« ist und in Richtung der aufgehenden Sonne weist. Um eine möglichst lange Unversehrtheit des Leichnams zu gewährleisten, wurden die sterblichen Überreste Jahnns einbetoniert. Für eine aus Geldmangel nicht erbaute, von Jahn vorgesehene Kapelle bildete die hier zu sehende, unvollendete Grabstelle das Fundament. Nähere Information zu den Gräbern bzw. der Gesamtanlage sind bei der Friedhofsverwaltung erhältlich (Öffnungszeiten Mo–Fr 9–12 Uhr).

Wir verlassen den Friedhof über den südwestlichen Ausgang, der zur Elbchaussee hinausführt, und biegen rechts auf die Elbchaussee ab. Dieser folgen wir gen Westen, bis linker Hand die Straße »In de Bost« uns zum Hirschpark führt.

DIE ELBVORORTLER

Die Perlenkette scheint für Hamburg ein besonders schönes Sinnbild abzugeben. So wird nicht nur die neuere Bebauung am Elbufer in Neumühlen als solche bezeichnet, sondern traditionell auch die Elbchaussee – reihen sich hier doch die prunkvollen Villen perlengleich aneinander. Aber auch hier gibt es Unterschiede, nämlich zwischen der zum Wasser hin gelegenen »Butterseite« und der weniger attraktiven anderen Straßenseite, dementsprechend die »Margarineseite«. Das heißt natürlich nicht, dass die Margarineseite dem unvermögenden Teil der Bevölkerung als Heimstätte diente, auch hier sind die Immobilienpreise für minder Begüterte Hamburger noch immer schwindelerregend.

Beim Blick in das 2012 erschienene Lexikon der Elbvororte erfährt der Leser aber noch eine weitere Bedeutung der Perlenkette, die sich auf einen Teil der in den Elbvororten lebenden Damenwelt bezieht. Gewiss mit einem Augenzwinkern wird dort nämlich erklärt, dass Frauen, die der landläufigen Vorstellung einer vornehmen Hamburgerin entsprechen – also mit der obligatorischen Perlenkette –, in den Elbvororten gern als »Perlhuhn« bezeichnet werden – und die kühleren Exemplare der Gattung gar als »Eisente.«

Beschäftigt man sich mit den Hanseaten, die in dieser Gegend leben, allen voran Blankenese, so ist des Öfteren zu hören: Mehr Hamburger als ein Blankeneser kann ein Bewohner der Hansestadt gar nicht sein. Schon daran wird deutlich, dass Blankenese und die Elbvororte keine x-beliebigen Hamburger Stadtteile sind. Nein, hier scheint alles etwas feiner und größer. Die Einwohner stehen in dem Ruf, die größten Villen zu bewohnen, die größten Autos zu fahren und demnach auch über das größte Einkommen zu verfügen. Dass das Einkommen in den Elbvororten den Hamburger Durchschnitt tatsächlich bei weitem übersteigt, wird niemanden erstaunen.

Es scheint eine eigene Welt zu sein in Hamburgs Westen an der Elbe, und wen wundert es da, dass man diese ganz traditonsbewusst pflegt? Eine Welt mit eigenen Segel- und Golf- und Poloclubs, aber auch mit eigenen Sitten und Gebräuchen. Alljährlich trifft man sich beim Osterfeuer, hier finden die trocken gewordenen Weihnachtsbäume in den Flammen ihr Ende. Zu Neujahr gehen die Kinder Rummelpott laufen. Und zumindest die Blankeneser haben ganz eigene Schlitten, die sogenannten Kreeks. Freilich ist die Brauchtumspflege auch aus anderen Gründen nicht weiter verwunderlich, bedenkt man, dass die Elbvororte viele Jahre von dörflicher Struktur geprägt waren. Die Menschen lebten außerhalb der großen Stadt, eben ganz unter sich. Und so sehr die großen Villen mit ihren parkähnlichen Gärten und hohen Zäunen und Hecken eine gewisse Distanz, auch zum eigenen Nachbarn, verkörpern: Spaziert man durch das Blankeneser Treppenviertel, wird schnell klar, dass sich die Bewohner im dörflich geprägten Kern dank der dichten Bebauung gar nicht aus dem Weg gehen können. Das Miteinander ist hier nahezu unausweichlich.

Ein waschechter Blankeneser hat Vorfahren, die über Generationen in Blankenese ansässig waren. So gibt es hier eben nicht nur die Reichen mit den Villen, sondern auch die Traditionellen, die ihre Heimat lieben. Ein echter Blankeneser, und das gilt wohl für alle Elbvorortler, ist vor allem eins: wetterfest und sturmerprobt. Und vielleicht macht ihn das Leben im Einklang mit dem Elbstrom, Geld hin oder her, auch ein bisschen bodenständiger. Denn ist die Elbe nicht schließlich rauer als die liebliche Alster?

Und wenn wir ganz ehrlich sind: Wer hat sich nicht schon einmal ausgemalt, wie es wohl wäre, ein Elbvorortler zu sein?

11 HIRSCHPARK

Das 25 Hektar große Areal des Hirschparks gehört neben dem Jenischpark zu den größten Parks entlang der Elbe. Seinen Namen verdankt er einem Wildgehege, das in der zweiten Hälfte des 19. Jahrhunderts angelegt wurde und bis in die Gegenwart, wenn auch in kleinerem Umfang, existiert. Das Gelände befand sich knapp hundert Jahre im Besitz der Familie Godeffroy. Jean Cesar IV. Godeffroy (1742–1818) hatte 1786 mehrere ehemalige Bauernhöfe auf dem Gebiet zwischen Nienstedten und Blankenese erworben und beauftragte 1789 den jungen Christian Frederik Hansen mit dem Bau eines

96

herrschaftlichen Landhauses sowie eines Landschaftsgartens. Die Anlage von Park und Villa war Ausdruck des wirtschaftlichen Erfolgs der 1766 gegründeten Handelsunternehmung Joh. Ces. Godeffroy & Sohn, deren Geschäfte vor allem mit Kaffee und Gewürzen florierten. Hinzu kam eine Erbschaft, die den neuen Lebensstil an der Elbchaussee ermöglichte.

Der Vater des Auftraggebers, Johan Cesar III. Godeffroy (1703–1758), war 1737 nach Hamburg gekommen. Als Hugenotte in der französischen Heimat verfolgt, hatte er sein Glück in der Hansestadt versucht und sich nach einiger Zeit als Weinhändler selbständig gemacht. Der Sohn des Erbauers, Johan Cesar V. Godeffroy (1781–1845), weitete das Geschäft des Handelshauses in den 1820er Jahren nach Mittel- und Südamerika aus, eine Expansion, die erst durch die Unabhängigkeit der dortigen Kolonien von den Mutterländern ermöglicht worden war – gehandelt wurde mit Kaffee, Kakao, Gewürzen und Zucker. Dessen Sohn wiederum, Johan Cesar VI. Godeffroy (1813–1885), sollte die Firma gemeinsam mit seinen Brüdern Adolph, Gustav und Alfred schließlich zu ihren größten Erfolgen führen. 1845 übernahm er das Geschäft und baute die Kaufmannsreederei weiter aus. Zudem forcierte er die Ausdehnung des Handelsgebietes in Richtung Südsee, was ihm später den Namen »König der Südsee« eintrug (Abb. 26). Diese Ausweitung der Handelsaktivitäten war eine Pioniertat, denn in den 1850er galt der Südpazifik noch als gefährliches Seefahrtgebiet, das zudem kaum erforscht war und von dem es nur sehr ungenaue Karten gab. Innerhalb der folgenden zwanzig Jahre gründete Godeffroy insgesamt 45

Niederlassungen auf Samoa, Fidschi, den polynesischen Inseln, den Admiralitätsinseln und dem Neubritannien-Archipel (seit 1884 Bismarck-Archipel). Gehandelt wurde nun hauptsächlich mit Kopra, dem getrockneten Fruchtfleisch der Kokosnuss, das vor allem bei der Herstellung von Seifen, Ölen und Pflanzenfetten verwendet wurde. Aber auch Kaffee, Zuckerrohr, Baumwolle und Waffen befanden sich unter den Schiffsladungen.

26 JOHAN C. GODEFFROY VI., »KÖNIG DER SÜDSEE«

27 DAMWILD IM HIRSCHGATTER

Neben ihrer Handelstätigkeit stieg die Firma Godeffroy in das Auswanderergeschäft ein und bot ab 1851 Liniendienste nach Chile, Kalifornien und Australien an. An diesen Fahrten nahmen auch Wissenschaftler teil, die in Godeffroys Auftrag Tiere, Pflanzen und Exotika sammelten, welche der Auftraggeber in einem Privatmuseum zusammenfasste. Nach der Reichsgründung 1871 und dem damit einhergehenden Gründerkrach 1873 geriet das Godeffroy'sche Handelshaus in Schwierigkeiten. 1879 erlebte die Firma einen fulminanten Bankrott, nachdem Godeffroy seine Gläubiger jahrelang über ein vermeintlich weiterhin blühendes Südseegeschäft getäuscht hatte. Die Bilanz des Lebens dieses wohl vermögendsten Hamburgers seiner Zeit ist insgesamt zwiespältig. War er einerseits ein generöser Förderer der Wissenschaften, so trieb er etliche seiner überseeischen Handelspartner mit rücksichtslosen Geschäftsmethoden in die Schuldenfalle und kann als ein Wegbereiter der deutschen Kolonialpolitik unter Bismarck gelten.

28 TEICHLANDSCHAFT IM HIRSCHPARK

Ein Großteil der landschaftlichen Gestaltung, wie sie uns heute bei einem Spaziergang durch den Park begegnet, geht auf den »Südseekönig«, den Enkel des Erstbesitzers, Johan Cesar VI. Godeffroy, zurück. Dieser ließ in den 1850er Jahren das Hirschgatter (Abb. 27) und den französischen Garten anlegen sowie zahlreiche Rhododendren pflanzen.

Beim Betreten des Parks begrüßt uns eine idyllischen Teichlandschaft (Abb. 28), die ihren Ursprung in den Ideen des englischen Landschaftsgartens hatte (vgl. Rundgang 4 und 5). Spaziergänger wie auch die Entenfamilien auf den Teichen genießen hier in warmen Sommern den Halbschatten der zahlreichen Bäume. Im Hintergrund ist schon das Damwild-Gehege zu erkennen.

Unser Weg führt zunächst Richtung Elbe. Wer möchte, kann hier durch das lichte Buchenwäldchen bis zur »Kanzel« gehen, einem Aussichtspunkt, der einen Panoramablick über den Mühlenberger Jollenhafen, die

29 AUSBLICK VON DER »KANZEL«

Elbe, das Alte Land und das Airbus-Werksgelände bietet (Abb. 29). Von hier aus führt der Weg an der westlichen Seite des Hirschgatters vorbei und ermöglicht einen freien Blick auf die Tiere. Waren es zu Godeffroys Zeiten in der zweiten Hälfte des 19. Jahrhunderts um die fünfzig Damhirsche und unzähliges Geflügel, die von den herrschaftlichen Gästen bewundert werden konnten, so sind es dieser Tage noch knapp zwanzig Exemplare der Gattung, einige Gänse und Pfauen, die sich dem Betrachter präsentieren und damit ein ungewöhnliches zoologisches Erlebnis inmitten der Elbvororte bieten.

Am Ende des Wegs erstreckt sich linker Hand die über zweihundert Jahre alte Lindenallee (Abb. 31), bei deren Durchschreiten sich ein erhabenes Gefühl einstellt. Gesäumt wird die Allee von einer von Rhododendren umgebenen Wiese. Insgesamt ließ Johan Cesar VI. Godeffroy über tausend Exemplare dieser üppigen Heidekrautgewächse, die seit Mitte

30 LANDHAUS GODEFFROY

des 19. Jahrhunderts zur beliebtesten Strauchpflanze der Hamburger Kaufleute geworden waren, auf seinem Gelände pflanzen. Viele der ausladenden Büsche entlang der Elbchaussee sind über hundert Jahre alt, die Rhododendron-Blüte im Mai / Juni gilt als eine besondere Hamburger Attraktion. Ebenfalls zu den von Johan Cesar VI. Godeffroy veranlassten gestalterischen Maßnahmen gehörte die Anlage des französischen Gartens. Auch wenn dieser nicht mehr in seiner alten Pracht erhalten ist, ist er doch ein einladender Ort zum Innehalten auf dem Elbspaziergang.

Links hinter dem französischen Garten erhebt sich das eingangs erwähnte Landhaus Godeffroy (Abb. 30). Seine Errichtung war Christian Frederik Hansens erster Privatauftrag. Mit seinen zwei mächtigen Sandsteinsäulen vor dem Eingang erinnert das Gebäude an einen römischen Tempel. Heute beherbergt das 1789 von Hansen entworfene Landhaus die Lola-Rogge-Schule, eine Berufsfachschule für Tanz und tänzerische Gymnastik.

Zum Landhaus Godeffroy gehörte auch das benachbarte Kavaliershaus, das den Godeffroys als Gästehaus diente. Nachdem der Park 1927 der Öf-

31+32 LINDENALLEE UND WITTHÜS

fentlichkeit zugänglich gemacht wurde, wurde auch dieses kleine reet-
gedeckte Haus als Wohnhaus vermietet. Bekanntester Bewohner war seit
Ende der 1930er Jahre bis zu seinem Tod der Schriftsteller und Orgelbauer
Hans Henny Jahnn (1894–1959, vgl. vorherige Station). An sein Leben und
Schaffen erinnert eine Plastik des Künstlers Heinrich Stegemann an der
Fassade des Hauses. Am Ende unseres Spaziergangs können wir uns hier,
in dem seit über vierzig Jahren im Kavaliershaus befindlichen Café und
Restaurant »Witthüs« (Abb. 32) bei leckeren Waffeln, einer vielfältigen
Teeauswahl oder heißer Schokolade stärken.

Zur nächstgelegenen S-Bahn-Station Blankenese gelangt man am bes-
ten zu Fuß über die Gätgensstraße und die Dockenhudener Straße, der
Verlängerung der Elbchaussee Richtung Westen. Oder man fährt mit dem
Schnellbus 36 von der Haltestelle Mühlenberg entlang der Elbchaussee
Richtung Innenstadt.

CAFÉS / RESTAURANTS

Dübelsbrücker Kajüt
Elbchaussee 303
(beim Yachthafen Teufelsbrück)
→ *Speisen bei leichtem Seegang*

Eiscafé Dante
Nienstedtener Straße 3 C
www.dante-gelato.de
→ *Nienstedtener Ableger der Hamburger Eisdiele*

il sole
Nienstedtener Straße 2 D
www.il-sole.de
→ *feine italienische Küche und freundlicher Service*

Das Knusperhaus
Elbchaussee 477
www.das-knusperhaus.net
→ *Restaurant unterm Reetdach im Hirschpark*

Marktplatz
Nienstedtener Marktplatz 21
www.marktplatzrestaurant.de /
→ *Speisen im gemütlichen Fachwerkhaus am offenen Kamin*

Quellental Restaurant
Quellental 36
www.quellental-restaurant.de
→ *vorwiegend italienische Küche im historischen Fachwerkhaus von 1830*

Restaurant Engel
Landeanlage Teufelsbrück
www.restaurant-engel.de
→ *mit den Containerriesen auf Tuchfühlung*

Witthüs
Elbchaussee 499 A
www.witthues.com
→ *gemütliches Café im Hirschpark, Spezialität »Qualle auf Sand«*

LÄDEN

Blumen Graaf
Kanzleistraße 25
www.blumengraaf.de
→ *moderner Blumenladen in 4. Generation*

Buchbinderei Erdmann
Kanzleistraße 4 A
www.buchbinderei-erdmann.de
→ *feine Papeterie und Spezialanfertigungen*

Buchhandlung Nienstedten
Nienstedtener Marktplatz 28
→ *Bücher, Schreibwaren, perfekter Bestellservice und kundiges Personal*

Fischfeinkost Frutti di Mare
(Kay Bartoluccis Fischgeschäft)
Nienstedtener Straße 13
→ *täglich frischer Fisch, außer mittwochs*

Fleischerei Hübenbecker
Nienstedtener Straße 13
www.fleischerei-huebenbecker.de
→ *erstklassiger Metzger*

Geigenbaumeister Schleiermacher
Quellental 10
www.geigenbaumeister.de
→ *Neubau, Reparatur, Verkauf und Vermietung von Streichinstrumenten*

Hofladen Feinkost
Georg-Bonne-Straße 100
www.hamburger-hofladen.de /
→ *Feinkost, Naturkost, reichhaltiges allgemeines Lebensmittelsortiment*

La bottega del sole
Nienstedtener Straße 7
www.labottegadelsole.de
→ *italienische Feinkost, gehört zum »il sole« direkt gegenüber*

Maria Lieber Wohnen
Nienstedtener Marktplatz 18
www.marialieber.de
→ *feine Stoffe und Wohnaccessoires*

Ökowochenmarkt & Regionales Nienstedten
Nienstedtener Marktplatz
→ *freitags 9 bis 12.30 Uhr,
alles Bio und aus dem Umland*

Sattlerei und Polsterei J. und H. Eggerstedt
Georg-Bonne-Straße 94
www.sattlerei-polsterei-eggerstedt.de
→ *Hamburgs älteste Sattlerei*

HOTELS

Hotel und Restaurant Louis C. Jacob
Elbchaussee 401–403
www.hotel-jacob.de
→ *1791 eröffnetes Traditionshaus, eine der feinsten Hamburger Adressen*

FREIZEIT / SPORT

Derby Park
Baron-Voght-Straße 81
→ *Veranstaltungsort des Hamburger Derbys und der Gartenmesse Home & Garden*

Elb Lounge
Elbchaussee 486
www.elb-lounge.de
→ *außergewöhnlicher Veranstaltungsort für Feiern und Tagungen*

KULTUR

Friedhof Nienstedten
Friedhofsverwaltung
Nienstedtener Marktplatz 19 A
www.kirche-nienstedten.de /
friedhof / friedhof.html
→ *Öffnungszeiten Mo bis Fr 9–12 Uhr*

Nienstedtener Kirche
Elbchaussee 410
www.kirche-nienstedten.de
→ *beliebte Hochzeitskirche*

LEUTE AUS DEN ELBVORORTEN

STEFAN AUST, geboren 1946 in Stade, ist ein deutscher Journalist und ehemaliger Chefredakteur des Nachrichtenmagazins »Der Spiegel«. Aust, der lange im Blankeneser Treppenviertel wohnte, arbeitete in den ersten Jahren seiner journalistischen Tätigkeit für die Zeitschrift »konkret«, deren Chefredakteur Klaus Rainer Röhl ebenfalls einige Zeit in Blankenese ansässig war. Seit 2011 arbeitete Aust für die Wochenzeitung »Die Zeit«, seit 2014 ist er Herausgeber der »Welt«. Privat hat sich Aust der Pferdezucht verschrieben.

EDUARD BARGHEER, 1901 in Finkenwerder geboren, war ein deutscher Maler. Nach Abschluss des Lehrerexamens 1923 unternahm Bargheer zahlreiche Reisen nach Italien, Frankreich, Holland und Belgien. Ab 1928 war er Mitglied der wichtigsten Hamburger Künstlervereinigung, der Hamburgischen Sezession. Diese löste sich 1933 eigenständig auf, nachdem die Nationalsozialisten den Ausschluss jüdischer Künstler gefordert hatten. Ab 1940 nahm der Maler seinen festen Wohnsitz auf der italienischen Insel Ischia, seit 1953 lebte Bargheer die Hälfte des Jahres in Hamburg-Blankenese. 1955 und 1959 war er Teilnehmer der documenta und 1957 Gastdozent an der Hochschule für bildende Künste in Hamburg. Eduard Bargheer starb 1979 in Blankenese. Seine Werke sind heute unter anderem im Altonaer Museum und in der Hamburger Kunsthalle zu sehen.

BERNHARD FÜRST VON BÜLOW, Reichskanzler von 1900 bis 1909, wurde 1849 in Klein Flottbek im sogenannten Voss'schen Landhaus (vgl. Rundgang 2) geboren und verbrachte seine Kindheit in Flottbek und Nienstedten. Er war ein Enkel von Martin Johann Jenisch jun. Neben seinen politischen Aktivitäten sammelte er leidenschaftlich Kunst und besaß eine umfangreiche Bibliothek. Nach seinem Tod 1929 gingen seine Kunstwerke in den Bestand der Kunsthalle über, die Staats- und Universitätsbibliothek erhielt seine Büchersammlung.

JOHANN JOACHIM DARBOVEN, der Gründer der bekannten Kaffee-Großrösterei J.J.Darboven, wurde als vierter Sohn eines Landwirts 1841 in Lauenbruch bei Hamburg geboren. Bereits in jungen Jahren fasste er den Entschluss, sein Glück als Kaufmann in Hamburg zu versuchen, und eröffnete in der Straße »Brandsende« 1866 seinen eigenen Lebensmittelladen. Darboven spezialisierte sich auf den Handel mit Kaffee und galt innerhalb kürzester Zeit als Kaffee-Experte. Auch war er einer der Ersten, die mit bereits gerösteten Kaffeebohnen handelten – vorher hatten die Endverbraucher den erworbenen Rohkaffee noch selbst in der Pfanne rösten müssen. Seine erfolgreiche Kaufmannstätigkeit ermöglichte ihm schließlich den Bau eines Wohnhauses in Nienstedten an der Elbchaussee. Das Unternehmen wurde nach seinem Tod 1909 und wird bis heute von seinen Nachkommen geführt.

IDA DEHMEL, geboren 1870 (Abb. S. 147), war Gründerin der »Gemeinschaft deutsch-österreichischer Künstlerinnen« (GEDOK) und Ehefrau von Richard Dehmel. Gemeinsam lebte das Paar ab 1901 in Blankenese. Ida Dehmel war Jüdin und wurde als solche während des Nationalsozialismus zunehmend entrechtet und verfolgt. 1942 wählte sie den Freitod, um der drohenden Deportation zu entgehen. Heute erinnert ein Stolperstein vor dem Haus Richard-Dehmel-Straße 1 an Ida Dehmel.

106 **RICHARD DEHMEL**, geboren 1863 in Wendisch-Hermsdorf als Sohn eines Försters, war ein deutscher Dichter (Abb. S. 147). Er studierte in Berlin und Leipzig, arbeitete zunächst als Versicherungsangestellter und zog 1901 mit seiner zweiten Frau Ida nach Blankenese. Walther Baedeker baute dem Dichter ein Haus in der Westerstraße 5, der heutigen Richard-Dehmel-Straße 1. Das Haus ist bis heute erhalten. Noch mit 51 Jahren zog Dehmel 1914 als brennender Nationalist in den Krieg. 1920 starb er in Blankenese an den Folgen einer Kriegsverletzung.

MARION GRÄFIN DÖNHOFF, 1909 in Ostpreußen geboren, war eine deutsche Publizistin der Nachkriegszeit. Sie war zunächst Chefredakteurin, später Herausgeberin der Wochenzeitung »Die Zeit«. Viele Jahre ihres Lebens lebte sie in Blankenese Am Pumpenkamp. 1999 wurde sie Ehrenbürgerin der Stadt Hamburg. Sie starb 2002 auf Schloss Crottorf bei Friesenhagen. Seit 2003 wird alljährlich der »Marion Dönhoff Preis für internationale Verständigung und Versöhnung« verliehen.

SKY DUMONT ist ein deutscher Schauspieler. Er wurde 1947 in Buenos Aires geboren und lebt heute mit seiner Frau Mirja in Rissen. Mit Tom Cruise und Nicole Kidman spielte er in Stanley Kubricks »Eyes Wide Shut«, 2001 erhielt er für den Film »Der Schuh des Manitu« den Bambi und den Deutschen Comedypreis. Als häufiger Talkshowgast engagiert der aus einer bekannten Verlegerfamilie stammende Dumont sich für die FDP.

ELISABETH FLICKENSCHILDT war eine deutsche Theater- und Filmschauspielerin. 1905 als Tochter eines Kapitäns in Blankenese geboren, besuchte sie ab 1928 die Schauspielschule und hatte im Anschluss zunächst kleinere Rollen am Hamburger Thalia Theater und am Deutschen Schauspielhaus Hamburg. 1932 trat sie

in die NSDAP ein. Von 1941 bis 1945 spielte sie am Staatstheater in Berlin an der Seite von Gustav Gründgens. Neben dem Theater war sie auch in verschiedenen Filmrollen, u.a. in den Kriminalfilmen nach Edgar Wallace, zu sehen. 1967 wurde ihr der Bambi verliehen, 1975 das Bundesverdienstkreuz. 1977 starb Elisabeth Flickenschildt. Sie ist am Chiemsee begraben.

Der Maler, Zeichner und Literat HORST JANSSEN wurde 1929 in Hamburg geboren. Von 1942 bis 1945 war er Schüler der nationalsozialistischen Napola (Nationalpolitische Lehranstalt) im Emsland. Seine Mutter war früh verstorben, so fand er nach Kriegsende Unterschlupf bei seiner Tante im kriegszerstörten Hamburg. Hier besuchte er von 1946 bis 1951 die Landeskunstschule. 1967 zog Janssen nach Blankenese, im Jahr darauf erhielt er den ersten Preis für Grafik auf der Biennale in Venedig. In den Jahren nach seinem Umzug nach Altona 1985 veröffentlichte Janssen seine zweibändige Autobiografie »Hinkepott« (1987) und »Johannes« (1989). Ein schwerer Einschnitt für den Zeichner war der Sturz von seinem Wohnhaus mitsamt dem Balkon, bei dem Janssen schwere Säureverletzungen erlitt. 1995 starb der Künstler an einem Schlaganfall, er ist in Oldenburg bestattet. – In Blankenese findet sich heute im Goßlerhaus die Janssen-Bibliothek, die Werke von und über Horst Janssen der Öffentlichkeit zugänglich macht.

Die bekannte Volksschauspielerin und Sängerin HEIDI KABEL wurde 1914 in Hamburg geboren und 1932 bei einem Vorsprechen im heutigen Ohnsorg-Theater entdeckt. Insgesamt stand sie 75 Jahre lang auf der Bühne und vor der Kamera, zuletzt 2007 bei einer Produktion von Detlev Buck. Kabel erhielt zahlreiche Fernseh- und Theaterpreise, zu ihren bekanntesten Liedern zählt »In Hamburg sagt man Tschüss«. Ihre letzten Jahre verlebte sie in Othmarschen und starb 2010. Sie ist auf dem Friedhof in Nienstedten begraben.

108 KARL LAGERFELD ist ein international bekannter Modedesigner und stets mit Zopf und Sonnenbrille zu sehen. Er wurde in den 1930er Jahren als Sohn eines Fabrikanten in Blankenese geboren. Sein Geburtsdatum lässt er im Dunkeln, was zu zahlreichen Spekulationen führt. In den 1990er Jahren kehrte Lagerfeld kurzzeitig in die alte Heimat zurück. Er kaufte die sogenannte »Römische Villa« (Wilmans Park) und ließ sie in »Villa Jako« umbenennen. 1998 verkaufte er Haus und Grund und verließ Blankenese wieder.

Der 1926 in Ostpreußen geborene deutsche Schriftsteller SIEGFRIED LENZ lebt seit 1963 in Hamburg-Othmarschen. Nach seiner Entlassung aus englischer Kriegsgefangenschaft begann Lenz ein Studium an der Universität Hamburg. 1950/51 arbeitete er zunächst als Redakteur für »Die Welt« und veröffentlichte 1951 seinen ersten Roman »Es waren Habichte in der Luft« beim Hamburger Verlag Hoffmann & Campe. Weitere bekannte Werke aus seiner Feder sind »So zärtlich war Suleyken« (1955), »Deutschstunde« (1968) und »Schweigeminute« (2008). 1970 begleitete er gemeinsam mit Günter Grass den damaligen Bundeskanzler Willy Brandt bei dessen historischer Warschau-Reise.

ANGELA LUTHER wurde 1940 in Blankenese geboren. Wo die einst mit dem Schauspieler und Regisseur Hark Bohm verheiratete Luther heute lebt oder vielmehr ob sie noch lebt, liegt im Dunkeln. Sie zählte zur ersten Generation der RAF. 1972 verübte die RAF einen Anschlag auf das Europa-Hauptquartier der US-Armee in Heidelberg. Es wird vermutet, dass Luther daran beteiligt war. Nach dem Anschlag tauchte die Blankeneserin unter.

Heute möchte man es kaum glauben, aber bevor ULRIKE MEINHOF (1934–1976, Abb. aus der ARD-Reihe »Im Fadenkreuz – Deutschland und die RAF«) mit der RAF in den Untergrund ging, lebte sie mit ihrem

Ehemann Klaus Rainer Röhl (*1928) und den gemeinsamen Töchtern in einer schönen Villa im Herzen Blankeneses. Das idyllische Leben war jedoch nicht von langer Dauer. Im Jahr des Hauskaufs 1967 ließ sich das Paar scheiden und Ulrike Meinhof wählte den Weg in den Untergrund.

Der 1902 in Klein Flottbek geborene PAUL NEVERMANN war zeitlebens überzeugter Sozialdemokrat. Er gehörte nahezu drei Jahrzehnte der Hamburger Bürgerschaft an und war von Ende 1960 bis zu seinem vorzeitigen Rücktritt 1965 Erster Bürgermeister Hamburgs. Der Arbeitersohn, der zunächst eine Ausbildung zum Maschinenschlosser absolvierte, bereitete sich in Abendkursen auf sein Abitur vor. Es folgte ein Jurastudium, das er 1932 mit seiner Promotion abschloss. Unter den Nationalsozialisten von seinen Ämtern ausgeschlossen, war Nevermann nach 1945 gemeinsam mit Max Brauer am Wiederaufbau Hamburgs beteiligt.

PHILIPP FÜRCHTEGOTT REEMTSMA, geboren 1893 in Osterholz-Scharmbeck (Abb. S. 54), lernte den Kaufmannsberuf von der Pike auf und führte gemeinsam mit seinem Bruder die 1910 in Erfurt gegründete Zigarettenfabrik seines Vaters zu großem Erfolg. 1922/23 wurde der Firmensitz nach Altona-Bahrenfeld verlegt. Sein steigender geschäftlicher Erfolg und seine robusten Methoden im Wettbewerb gingen mit wachsender Fürsorge für die Mitarbeiter einher. Reemtsma lebte bis zu seinem Tod 1959 in Hamburg. Der Reemtsma Park sowie die dort befindliche Villa, beide unter Philipp F. Reemtsmas Regie errichtet, zeugen vom Leben des Unternehmers in Othmarschen. Durch sein vielfältiges mäzenatisches und publizistisches Engagement in Erscheinung getreten ist Reemtsmas Sohn Jan Philipp, der 1980 sämtliche von seinem Vater geerbten Geschäftsanteile verkaufte.

AXEL CÄSAR SPRINGER wurde 1912 in Altona geboren und war ein deutscher Zeitungsverleger (Abb. S. 187). Viele Jahre lebte er in Blankenese am Falkenstein in der sogenannten Villa Stucken. Den das Haus umgebenden Park ließ er nach seinem 1980 verstorbenen Sohn »Sven-Simon-Park« nennen. In den 1970er Jahren geriet Springer in die Schlagzeilen der lokalen Medien, weil er das architektonisch wertvolle Haus Michaelsen am Grotiusweg, dessen Eigentümer er seit 1955 war, zunehmend verrotten ließ. Anfang der 1980er Jahre machte er Haus und Park der Stadt Hamburg zum Geschenk. Beide sind heute öffentlich zugänglich. Axel Springer starb 1985 in Berlin.

1928 in Hamburg geboren, begann PETER TAMM, der spätere Vorstandsvorsitzende des Axel-Springer-Verlags, seine Pressekarriere 1948 als Schiffsredakteur beim Hamburger Abendblatt. Hier spätestens entdeckte er seine Leidenschaft für alles Maritime und besitzt heute eine der größten privaten Sammlungen zur Schifffahrts- und Marinegeschichte. Von 1991 an befand sich seine Sammlung in dem ehemaligen Park-Hotel, Elbchaussee 277. 2008 wurden seine Exponate in die Stiftung des Internationalen Maritimen Museums Hamburg in der Hafencity überführt.

CASPAR VOGHT, 1752 in Hamburg geboren, war Kaufmann, Gutsbesitzer und geachteter Agrarreformer (Abb. S. 58). Er schuf einen vorbildlichen landwirtschaftlichen Betrieb mit großen Parkflächen, an den heute noch der Jenischpark erinnert. Voght war in der Armenfürsorge engagiert und galt seinen Zeitgenossen als guter Gastgeber. Für die Gestaltung seines Guts holte er sich auf seinen ausgedehnten Reisen durch Europa Anregungen. Voght blieb lebenslang Junggeselle, 1839 starb er in Hamburg. Seine Grabstätte befindet sich auf dem Friedhof Nienstedten.

OTTO WAALKES ist ein deutscher Komiker, Schauspieler, Musiker und Schöpfer der Ottifanten. Er wurde 1948 im ostfriesischen Emden geboren und kam 1970 nach Hamburg. Waalkes ist Wahl-Blankeneser und bewohnt ein Haus im Treppenviertel, die sogenannte »Elbburg«.

ROLF ZUCKOWSKI, 1947 in Hamburg geboren, ist ein deutscher Musiker und Komponist, in erster Linie von Kinderliedern. Bekannt wurden er und seine Gruppe »Rolf und seine Freunde« u.a. mit dem Lied »… und ganz doll mich«, mit dem sie auf Platz 1 der ZDF-Hitparade landeten. Seit über vierzig Jahren lebt Zuckowksi mit seiner Familie in Blankenese, seit zehn Jahren ist er Schirmherr des Vereins »Elbkinderland e. V.«, der sich insbesondere der musikalischen Förderung von Kindern und Jugendlichen widmet.

BLANKENESE (OST)

4

Bahnhof Blankenese ∗ Ole Hoop / Elbchaussee ∗ Baurs Park / Katharinenhof ∗ Treppenviertel / Süllberg ∗ Fischerhäuser ∗ Strandweg / Fähranleger ∗ Strandweg / Strandhotel

»Ein Kleingebirg aus bunten Muscheln«, so beginnt das bekannte Gedicht von Hans Leip, das der Hamburger Schriftsteller Blankenese gewidmet hat. Den besonderen Reiz der kleinteiligen und abwechslungsreichen Struktur des Elbvororts haben durch die Jahrhunderte viele Künstler beschrieben – unbestreitbar ist Blankenese einer der schönsten Stadtteile Hamburgs. Neben dem Treppenviertel bietet es paradiesische Parklandschaften, elegante Villen und einen herrlichen Elbblick. Der Name dieses Stadtteils geht vermutlich auf eine weiße, hell schimmernde Sandbank zurück, die »blanke nes« (weiße Nase). Einst ragte sie bei der Fährstelle als Landzunge weit in die Elbe hinein, bis sie, vermutlich in der sogenannten »Zweiten Mandränke«, einer großen Sturmflut, 1634 weggespült wurde. Aufzeichnungen aus dieser Zeit existieren nicht. Die Wirren des Dreißigjährigen Krieges (1618–1648) wirkten sich auch auf die Grafschaft Pinneberg aus, zu der Blankenese gehörte. Während kaiserliche Truppen das Land verwüsteten, stand wohl niemandem der Sinn nach Aufzeichnungen über die zusätzlichen Zerstörungen durch eine Sturmflut. Dennoch lässt sich anhand von Landkarten die Sturmflut von 1634 als das

1 ELBKARTE VON JOHANNES VAN KEULEN, 1681

2 WINTERLICHER BLICK AUF BLANKENESE

Ereignis festmachen, welches zum Verschwinden der namengebenden Sandbank geführt hat. Auf der ältesten Karte des Elbgebiets, Melchior Lorichs' berühmter Elbkarte von 1568, ist die »helle Nase« als »Blancke Neser Ordt« noch gut erkennbar. Lorichs fertigte die zwölf Meter lange Karte im Auftrag des Hamburger Senats an. Hintergrund war ein Streit um das Stapelrecht, welches es auswärtigen Kaufleuten gebot, ihre Waren bei der Durchreise in Hamburg anzubieten, und das die Hamburger gegen andere Hafenstädte an der Elbe verteidigen wollten. Das Original der Karte kann jeden zweiten Mittwoch von 15 bis 16 Uhr im Hamburger Staatsarchiv besichtigt werden. Auf späteren Karten des 17. Jahrhunderts ist die »blanke nes« nur noch als Sandbank bzw. als Untiefe verzeichnet (Abb. 1), bis sie auf einer Karte von 1702 gänzlich verschwunden ist.

Vormals ein kleines Fischer- und Schifferdörfchen, liegt Blankenese am westlichen Ende eines Geestrückens, der sich entlang der Elbe erstreckt. Das Hanggebiet besteht aus mehreren Erhebungen, genauer genommen Sandhügeln, deren bekannteste der 74,7 Meter hohe Süllberg ist. Ausgehend von dem kleinen Fischerdorf ist der alte Ortskern Blankeneses über

3 BLANKENESER BAHNHOF, 1902

die Jahrhunderte stark gewachsen. Der Platzmangel hat dazu geführt, dass die Häuser dicht an dicht stehen und jede noch so kleine Lücke bebaut wurde (Abb. 2). Seit 1800 entstanden die prachtvollen Landhäuser und Parks, die den Ort berühmt gemacht haben. Die Lage am Fluss, die reizvolle hügelige Landschaft sowie die Nähe zur großen Stadt Hamburg übten einen außerordentlichen Reiz auf Anwohner und Besucher aus. In Blankenese ist eine faszinierende Vielfalt an Baustilen zu sehen, die auf engstem Raum nebeneinander existieren.

 BAHNHOF BLANKENESE

Unser Rundgang beginnt am Bahnhof Blankenese, Hamburgs ältestem Bahnhofsgebäude (Abb. 3). Die Eröffnung der Eisenbahnlinie Altona–Blankenese am 19. Mai 1867 hatte weitreichende Folgen für die Entwicklung Blankeneses. Die Inbetriebnahme der Vorortbahn verstärkte die Attraktivität des Ortes als Wohnort und löste nach 1870 einen regelrechten Bauboom aus, der sich noch heute in den Gründerzeithäusern an der

Blankeneser Landstraße sowie dem Ortskern zeigt. Der Bau des Bahnhofs und der Bahnlinie führte innerhalb weniger Jahrzehnte dazu, dass sich der Ortskern mit seinen Verwaltungs- und Versorgungseinrichtungen vom Hanggebiet aus Richtung Oberland, d.h. auf den hinteren Geestrücken bzw. zum Bahnhof hin verlagerte.

Als die Bahnlinie eröffnet werden konnte, waren über dreißig Jahre Planungszeit vergangen. Bereits der dänische König Christian VII. war darum bemüht gewesen, seine in Konkurrenz zu Hamburg stehenden Städte an der Unterelbe zu stärken und sie verkehrstechnisch gut anzubinden. Aus diesen Plänen wurde in politisch unruhiger Zeit (1848 kam es zur Erhebung der Schleswig-Holsteiner, 1864 zum Deutsch-Dänischen Krieg) jedoch nichts. Erst im März 1865 konnten die Bauarbeiten endlich beginnen.

Das Bahnhofsgebäude der über 140 Jahre alten Bahnlinie ist bis heute erhalten. Für die Fassadengestaltung des Baus hatte man sich für einen von der römischen Antike inspirierten Rundbogenstil entschieden. Auf die sonst üblichen klassizistischen Elemente wie Säulen und Kolossalportale wurde verzichtet. Die Form erinnert an eine nach italienischem Vorbild errichtete Villa.

2007 wurde der stark verfallene Bau im Rahmen der Umgestaltungsarbeiten des Bahnhofsgeländes und des Vorplatzes, des Erik-Blumenfeld-Platzes, restauriert und modernisiert. Um den Bahnhofsvorplatz herum findet man heute einige Geschäfte. Leider hat die Ausbreitung der unvermeidlichen Ladenketten auch vor Blankenese nicht haltgemacht.

Der Weg führt uns linker Hand über den Bahnhofsvorplatz und die Blankeneser Landstraße zur Straße Ole Hoop.

2 OLE HOOP/ELBCHAUSSEE

Die Ole Hoop liegt in dem Teil Blankeneses, der ursprünglich zum Bauerndörfchen Dockenhuden gehörte und 1919 nach Blankenese eingemeindet wurde (Abb. 4+5). Der Weg durch die Ole Hoop und der Blick auf die Be-

4+5 ELBCHAUSSEE IN DOCKENHUDEN, 1914 UND 1925

bauung rechts und links zeigen deutlich, welche Entwicklung Blankenese bzw. Dockenhuden nach der Eröffnung der Bahnlinie Altona–Blankenese nahm. Zahlreiche Villen säumen den Weg, die unterschiedlichsten Baustile sind vertreten. So finden sich hier Villen und große Einfamilienhäuser im biedermeierlichen und im Jugendstil. Aber auch der im 19. und Anfang des 20. Jahrhunderts beliebte Backstein fand hier Eingang in die vorherrschende Architektur.

Am Ende der Ole Hoop treffen wir auf die Elbchaussee, seit Jahrhunderten die Hauptverbindung zwischen Altona und Blankenese. Einst ein staubiger Sandweg, wurde sie 1750 auf Kosten der Anlieger befestigt und hatte fortan den Status einer Privatstraße, für deren Benutzung fremde Wagen und Kutschen eine Gebühr entrichten mussten. Diese Regelung hatte gute 140 Jahre Bestand, bis sie schließlich im März 1891 abgeschafft und die Straße zur gebührenfreien öffentlichen Nutzung freigegeben wurde. Trotz des teils übermäßig starken Straßenverkehrs (durchschnittlich 25 000 Fahrzeuge befahren die Straße täglich) hat die Elbchaussee von ihrer Pracht nur wenig verloren. Eine Vielzahl der Villen und Parks, die die Elbchaussee berühmt gemacht haben, beeindrucken wie eh und je.

Der Weg führt nun weiter nach rechts, bis links der Mühlenberger Weg auf die Elbchaussee trifft. Wir biegen in den Mühlenberger Weg ab, bis rechts der Baurs Park mit dem Katharinenhof erscheint.

3 BAURS PARK/KATHARINENHOF

Baurs Park wie auch das dazugehörige Landhaus wurden auf Initiative des Altonaer Kaufmanns und Reeders Konferenzrat Georg Friedrich Baur (1768–1865) angelegt. Der Park gilt als eine der berühmtesten Grünanlagen im Stile des englischen Landschaftsgartens, die um 1800 gestaltet wurden. Für das Projekt erwarb Baur in der Zeit von 1802 bis 1817 elf Grundstücke und beauftragte Joseph Jacques Ramée (1764–1842), einen berühmten französischen Landschaftsgärtner, mit der Ausgestaltung eines großen Parks. Dafür wurde auf zahlreichen Lastkähnen Mutterboden aus dem Alten Land herangeschafft, denn zuvor war das Gelände nur ein Sandhügel gewesen, der keine Gartengestaltung zuließ. Eine der ersten gestalterischen Besonderheiten des Parks ließ Baur bereits 1803 aufsetzen: den »Kanonenberg«. Von hier aus konnte der Reeder seine elbaufwärts kommenden Schiffe mit Böllerschüssen begrüßen. Dem romantischen Geschmack der Zeit entsprechend folgte die Anlage von drei kleinen Tempeln, eines chinesisch anmutenden Turms (Abb. 6), einer künstlichen Turmruine, einer Waldhütte, einer Grotte sowie eines Orangeriehauses und einiger Treibhäuser. Leider ist kein einziger dieser Bauten erhalten.

1829 wurde mit dem Bau des neuen Landhauses begonnen. Die Bauarbeiten zogen sich aufgrund der immer neuen Veränderungswünsche des

8+9 KATHARINENHOF UND BLICK VOM KANONENBERG

Bauherrn bis 1836 hin. Während der Bauphase wohnte die Familie im »Elb-schlösschen«, das Georg Friedrich Baur bereits 1807 von seinem Bruder geerbt hatte (vgl. Rundgang 3).

Der Bau des Landsitzes wurde durch die Architekten Johann Matthias Hansen (einem Neffen von Christian Frederik Hansen) und teilweise von Ole Jörgen Schmidt (einem Schüler Hansens) betreut. Vom Gartenzimmer im Parterre und von den Räumlichkeiten im Obergeschoss hatte man einen herrlichen Blick über den sanft gemuldeten Park zur Elbe hin. Heute ver-stellt eine alte Trauerbuche teils den Blick (Abb. 7). Das Sandsteinrelief eines unbekannten Künstlers im Mittelrisalit stellt den »Raub der Persephone« dar.

1922 wurde das Anwesen samt Gebäuden von der Familie Baur verkauft, von einem der Nachbesitzer erhielt das Gebäude schließlich den Namen »Katharinenhof« (Abb. 8). 1939 ging das Landhaus mit dem Stallgebäude und Teilen des Parks in den Besitz der Stadt Hamburg über. In der Nach-kriegszeit diente es als Notunterkunft, bis es Teil des Ortsamts Blanke-nese wurde. 2009 wurde es an einen Unternehmer verkauft, der es zu einer Ideenschmiede und einem Schulungszentrum für die Luftfahrtindustrie umgestalten möchte. Nachdem das Projekt jahrelang stillstand, wurde im Sommer 2013 mit den Sanierungsarbeiten begonnen.

Der zum Park gehörende »Kanonenberg« mit einem der beiden Blanke-

neser Leuchttürme bietet einen einmaligen Blick über die Elbe Richtung Cranz und auf das Airbus-Werk (Abb. 9).

Um das Leuchtfeuer herum führt uns der Weg nun wieder aus Baurs Park hinaus. Der Weg wird von ausladenden Rhododendren gesäumt, bis sich linker Hand eine Lindenallee zeigt, in die wir abbiegen. Etwas im Hintergrund hinter Buschwerk versteckt, steht auf der linken Seite eine 1985 als Oktogon erbaute Villa, die der Architekt Cäsar Pinnau (1906–1988) hier für sich selbst errichtete. Weiter geradeaus laufen wir auf eine 2008 von David Chipperfield errichtete Villa zu, die mit ihrem kargen Modernismus in Kontrast zu den anderen Baustilen steht.

Wir biegen rechts in den Baurs Weg ab und umrunden die vor uns liegende Häuserzeile, um auf den Hohen Weg zu gelangen.

4 TREPPENVIERTEL/SÜLLBERG

Der parallel zur Blankeneser Hauptstraße verlaufende Hohe Weg (Abb. 11) bietet faszinierende Blicke auf den Elbstrom, aber auch einen schönen Überblick über die verschiedenartige Architektur des Blankeneser Treppenviertels mit seinen 58 Treppen und 4864 Stufen. Hier findet sich eine vielfältige Mischung aus reetgedeckten Fischerhäusern aus dem 18. Jahrhundert, biedermeierlichen, kleinen Putzbauten aus dem 19. Jahrhundert, stuckverzierten Gründerzeit- und Jugendstiletagenhäusern, traditionellen Backsteinbauten des Heimatstils sowie von Vertretern der modernen und heutigen Baukultur (Abb. 12). Das Treppenviertel (Abb. 10), in das nur zwei Straßen hinein- und wieder hinausführen, schmiegt sich in einen Taleinschnitt der Blankeneser Berge, die während der letzten beiden Eiszeiten entstanden und aus einem Geschiebe von Lehmen,

12 BLICK VON DER SÜLLBERGSTREPPE AUF DIE ELBE, UM 1979

Sanden und Kiesen bestehen. Die unterschiedliche Verteilung der Bestandteile stellt bis heute Landschaftsplaner und Architekten immer wieder vor besondere Herausforderungen, was sich an den stabilen Stützmauern entlang des Wegs ablesen lässt. Die Stützmauern sind notwendig, um zu verhindern, dass der Hang durch die Last der Bebauung ins Rutschen gerät. In Blankenese gibt es Firmen, die sich ganz auf diese Problematik spezialisiert haben und bei regelmäßigen Hangbegehungen die Stützmauern auf Risse untersuchen.

Es geht nun weiter über den Weg Op'n Kamp, in dessen Flucht wir nach ein paar Metern einen guten Blick auf den Süllberg haben (Abb. 13).

Für die Datierung Blankeneses spielt der Süllberg eine entscheidende Rolle. Zwar wird Blankenese urkundlich erstmals 1301 in Verbindung mit der Fähre, die Blankenese mit dem anderen Elbufer verband, erwähnt – mit dieser Urkunde veräußerte Graf Adolf VI. von Schauenburg und Holstein die gräflich privilegierte Fähre mitsamt ihren Pachteinnahmen an zwei Ritter und ihre Waffengefährten –, doch kann man davon ausgehen, dass die Ansiedlung wesentlich älter ist. Darauf weist ein Dokument aus dem Jahre 1059 hin, welches in einem etwas später datierten Zusatz den »Sollemberch« – also den Süllberg – als Standort einer Propstei benennt. Der Verfasser der Urkunde, Erzbischof Adalbert von Bremen und Hamburg, hatte die erwähnte Propstei sowie eine dazugehörige Burg gegen 1060/61 zum Schutz einer Fährstelle am Heerweg von Dänemark über Hamburg und Bremen nach Holland errichten lassen. Seit Mitte des 19. Jahrhunderts wird der Süllberg »von einer Gastwirtsburg gekrönt«, wie es in Hans Leips eingangs zitiertem Gedicht »Blankenese« heißt. Zu ihr wird uns der Rundgang gleich führen.

Entlang der Blankeneser Hauptstraße geht es in einer scharfen Linkskurve einige Stufen hoch zum Süllbergs-

13 BLANKENESER HAUPTSTRASSE MIT SÜLLBERG, UM 1979

weg. Beim Überqueren der Blankeneser Hauptstraße sollte man aufpassen, dass nicht gerade eine der »Bergziegen« im Anrollen ist (Abb. 14). Diese kleinen und wendigen Busse der Linie 48 prägen seit 1959 den Verkehr des Stadtteils und können als einzige Busfahrzeuge die engen und steilen Straßen des Treppenviertels befahren. Wie die Gebirgstiere erklimmen sie sich ihren Weg nach oben und haben deshalb von den Blankenesern den liebevollen Namen erhalten.

Nach wenigen Stufen trifft der Süllbergsweg auf die Süllbergsterrasse, die uns zur Spitze des Süllbergs führt. Für den etwas mühseligen Aufstieg werden wir mit einem fabelhaften Ausblick von der Hotel- und Restaurantterrasse entschädigt (Abb. 15). Der Süllberg ist schon seit nahezu zweihundert Jahren ein populäres Ausflugsziel, wo sich neben dem Ausblick die frische Brise des Elbstroms genießen lässt. Ein unbekannter Hamburgbesucher schilderte den Eindruck Ende des 18. Jahrhunderts:

14 »BERGZIEGE«, UM 1960

15 BLICK VON DER AUSSICHTSTERRASSE AUF DEM SÜLLBERG, 1967

»Wenn man in Blankenese ist, so glaubt man, man wäre einigermaßen in die Schweiz versetzt. Nur findet man die Fruchtbarkeit Helvetiens da nicht, und nicht das lachende Wesen der Natur, sondern bloße kahle und nackte Berge [...]. Man muss einen mühsamen Weg steigen, ehe man die Spitze des hohen Berges in Blankenese erreicht, aber die Mühe wird reichlich belohnt, wenn man oben auf den Gipfeln die schönste und herrlichste Aussicht hat. Es fehlt kein Teil, der zur Schönheit und zur vollkommenen Vortrefflichkeit eines Landschaftsgemäldes erfordert wird.«

Mag der Vergleich mit der Schweiz bei einer Berghöhe von knapp achtzig Metern auch etwas übertrieben erscheinen, so haben sich die Blankeneser Berge ihren Namen im Verhältnis zur extrem flachen Marschlandschaft doch verdient.

Auch die Gastronomie auf dem Süllberg hat eine lange Tradition. 1837 eröffnete der Tischlersohn und ehemalige »Polizeireuter« (berittener Polizist) Peter Georg Carl Hansen einen Milchausschank auf dieser Bergkuppe. 1840 dann erwirbt Hansen den am Millerntor abgebrochenen Erfrischungspavillon »St.-Pauli-Trichter« und lässt ihn auf dem Süllberg neu errichten. Mehrfach wird der Pavillon nun um Räumlichkeiten erweitert, und das Gasthaus entwickelt sich innerhalb kürzester Zeit zu einem der beliebtesten Ausflugslokale mit rund 2000 Gästen jährlich. In den 1840er Jahren kommen noch eine gemauerte Stube und ein Aussichtsturm hinzu. 1860 heiratet der Gastwirt Heinrich Detlev Rohr in die Familie Hansen ein und kauft seinem Schwiegervater die Lokalität auf dem Süllberg ab. Er lässt ein Tanzzelt errichten und ab 1887 ein großes Haus mit einem gemauerten Tanzsaal. Berühmt-berüchtigt sind die winterlichen Fischerbälle, bei denen die Bowle der Legende nach zu vorgerückter Stunde nicht mehr aus Gläsern, sondern direkt aus den Schüsseln getrunken worden sein soll.

Nach den Tagesgästen kommen nunmehr auch Übernachtungsgäste auf den Süllberg, und neben einer Kegelbahn zur Unterhaltung der Gäste werden Stallungen mit Platz für dreißig Pferde eingerichtet. 1887 wird das über Jahrzehnte im Familienbesitz befindliche Etablissement von Hansens Schwiegersohn noch einmal erheblich erweitert. Ein hoher steinerner Turm sowie zusätzliche große Räumlichkeiten entstehen, die bis heute zum Betrieb gehören (Abb. 16). Nach dem Zweiten Weltkrieg wird der Süllberg kurzfristig von den Engländern beschlagnahmt, aber schon bald wieder von der Familie Rohr übernommen und erneut als Restaurant und Gästehaus geführt. 1990 stand der Betrieb zum Verkauf und geriet in die Hände eines Spekulanten, der den Bau von über einhundert Luxuswohnungen plante und die Gas-

16 GASTRONOMIE AUF DEM SÜLLBERG, 1900

17 FISCHER AM BLANKENESER STRAND

tronomie systematisch herunterwirtschaftete, um die Genehmigung zum
Abriss zu erhalten. Für das Lokal ging es für ein gutes Jahrzehnt immer
weiter bergab, bis schließlich der Zwei-Sterne-Koch Karlheinz Hauser mit
seiner Familie das Restaurant und auch das Hotel übernahm.

Über die Süllbergsterrasse geht es nun wieder runter bis Schnudts
Treppe. Bevor wir die Treppe hinabsteigen, lohnt sich noch ein Blick nach
rechts. Dort befindet sich etwas versteckt der Kaffeegarten Schuldt. Seit
über 130 Jahren wird das Café im Familienbetrieb geführt. Eine Besonderheit ist es seit jeher, dass Familien hier die Möglichkeit haben, ihr mitge-
brachtes Kaffeepulver mit heißem Wasser aufbrühen zu lassen.

Über Schnudts Treppe gelangen wir nun auf die Elbterrasse, die es
hangabwärts hinuntergeht.

5 FISCHERHÄUSER

Die Häuser Elbterrasse 2 und 6 gehören zu den ältesten Fischerhäusern
in Blankenese und erinnern an die lange Tradition des Fischereigewerbes

im Dorf (Abb. 17). Schriftliche Erwähnung finden die Blankeneser Fischer erstmals 1535. Zu dieser Zeit stritten sie mit den Hamburger Amtsfischern um Fanggebiete. Immer wieder gab es Auseinandersetzungen, in denen die beschränkten Fanggründe unter den Elbfischern aufgeteilt werden mussten. Vermutlich fischten die Blankeneser bis Mitte des 17. Jahrhunderts lediglich in der Elbe, quasi direkt vor der Haustür, wofür die Ewer genannten kleinen Elbsegler ausreichten. Häufig teilten sich mehrere Fischer ein Boot. Erst mit der Hinwendung zur Hochseefischerei Ende des 17. Jahrhunderts wurden die Schiffe und auch die Flotte größer. Um sich auf dem Markt gegen ihre Konkurrenten durchzusetzen und sich auch äußerlich von ihnen zu unterscheiden, entwickelten die zu gewissem Wohlstand gekommenen Blankeneser Fischer in der zweiten Hälfte des 18. Jahrhunderts ihre eigene Tracht.

18 BLANKENESER TRACHT, STICH VON 1808

Über ein langes weißes Leinenhemd wurden rote Wollröcke mit blauem oder gelbem Saum gezogen. Die Fischersfrauen trugen einen braunen Wams als Oberteil, darunter eine blaue Weste. Zum Schluss wurde ein rot-weißes Tuch um den Hals geknotet. Auf einer schwarzen Haube (mit weißer Unterhaube) thronte ein breiter tellerartiger Strohhut (Abb. 18).

Auch die Fischerhäuser in Blankenese zeugen von dem bescheidenen Wohlstand. Vor allem zwei Häusertypen entstanden in Blankenese: das Tweehus und – seltener – das Dreehus, das sich jeweils zwei bzw. drei Fischerfamilien teilten. Gemeinsam genutzt wurden jeweils die Diele sowie die Küche. Auf der Diele wurden im Winter die Netze geknotet und geflickt. Zusätzlich gab es noch die sogenannten Lüttwohnungen, die als Altenteil genutzt wurden. Bei dem Reetdachhaus mit der Nummer 6 handelte es sich um ein Dreehus (Abb. 20). Derzeit fungiert es als »Treffpunkt Fischerhaus«, wo vom Computer- bis zum Literaturkurs gemeinschaftliches Leben stattfindet, Bridge gespielt und Sport getrieben wird. Auch beherbergt es ein Museumszimmer, das von Mai bis Oktober an jedem ersten Sonntag im Monat zwischen 14 und 17 Uhr besichtigt werden kann. Der Besuch des Museums ist kostenfrei. Das Haus wurde um 1800 gebaut, diente bis Ende des 20. Jahrhunderts als Wohnhaus und wurde zwischenzeitlich als Altentagesstätte genutzt.

Zum Ende der Blankeneser Fischerei führte schließlich die 1806 durch Napoleon verhängte Kontinentalsperre, die den auf dänischem Gebiet lebenden Seeleuten das Fischen vor der Küste Hollands unmöglich machte. Von den ehemals 140 großen Ewern gab es 1832 nur noch sechzig, und der Niedergang der Fischerei bewirkte in der Schifffahrt Blankeneses einen tiefgreifenden Wandel. Neben der Fischerei wurden die Ewer nun auch als Frachtschiffe eingesetzt und transportierten Ende des 18. Jahrhunderts außer Fisch auch Weizen, welcher unter anderem in Amsterdam gehandelt wurde. Ab 1795 wurden eigens für Frachtfahrten gebaute Schiffe vom Stapel gelassen. 1806 segelten bereits 28 Frachtschiffe unter dänischer Flagge, die in Blankenese ihren »Heimathafen« hatten – wenn Blankenese auch nicht über Hafenanlagen verfügte, so war es doch die Heimatstadt der Schiffe. Diese verschifften unter anderem Zitrusfrüchte aus Italien nach Rotterdam, Hamburg, Bremen oder St. Petersburg. Wegen ihrer leicht verderblichen Ware segelten diese »Fruchtjäger« mit hohem Tempo, und es wurden sogar Prämien an jene Kapitäne bezahlt, die ihre Fracht als Erste im Hamburger Hafen ablieferten. Neue Schiffstypen wurden nun entwickelt, die den neuen Anforderungen besser gerecht wurden. Nur wenige davon wurden in Blankenese gebaut, allerdings wies die Blankeneser Reederei eine beachtliche Anzahl an Schiffen auf. 1842 bestand die Blankeneser Handelsflotte aus 243 Schiffen mit insgesamt um die 1500 Mann Besatzung. Fast jeder männliche Einwohner des Ortes zwischen 16 und 60 Jahren fuhr zur See. Aber auch diese Zeit ging zu Ende. Um 1900 hatte sich im Frachtverkehr die Dampfschifffahrt durchgesetzt. In Blankenese hatte sich allerdings kaum einer dieser neuen Technik angenommen, und so fand die Handelsschifffahrt hier Anfang des 20. Jahrhunderts ein Ende.

Bei dem Haus mit der Nummer 2 handelt es sich um das älteste Fischerhaus Blankeneses (Abb. 19). Es befindet sich seit 1698 in Familienbesitz

19+20 FISCHERHÄUSER ELBTERRASSE NR. 2 UND 6 (MUSEUM)

und gehört zu den letzten Zeugen des alten Fischerdorfs Blankenese, denn viele der alten reetgedeckten Fachwerkhäuser wurden während größerer Brände in den Jahren 1814, 1826 und 1829 zerstört. Als erster namentlich bekannter Besitzer zumindest der einen Haushälfte ist Frantz Breckwoldt dokumentiert. Sein Sohn Peter Breckwoldt, der auch Besitzer eines halben Ewers war, kaufte 1715 die zweite Haushälfte hinzu. Anfang des. 20. Jahrhunderts wurde das Haus durch einen Nachfahren, Bernhard Schuback, umfassend renoviert. Dabei wurde unter anderem das Reetdach durch ein festes Dach ausgetauscht. Bis heute wird das Haus liebevoll gepflegt und erhalten. Noch immer befindet sich das Tweehaus mit den beiden Lüttwohnungen ganz im Besitz der Familie Breckwoldt und erinnert wie die anderen ehemaligen Blankeneser Fischerhäuser Op'n Kamp 28 (zweite Hälfte des 18. Jahrhunderts), Bremers Weg 1 (1791), Am Hang, Krumdal (Anfang des 18. Jahrhunderts), Brandts Weg, Elbterrasse 5/7 (Anfang des 18. Jahrhunderts) und Panzerstraße 12 (1732) an die maritime Geschichte des Orts.

Wir biegen nun rechts in die Hans-Lange-Straße ab und kommen auf unserem Weg zum Elbstrand auch am Treppenkrämer vorbei. Dieses kleine Café gleicht einem Tante-Emma-Laden. Neben Kaffee und Kuchen, den man auf den wenigen Sitzplätzen genießen kann, gibt es hier auch die Möglichkeit, das eine oder andere für den täglichen Bedarf zu erwerben.

HANS LEIP

Hans Leip (1893–1983), Schöpfer des Gedichts der »Lili Marleen«, das in seiner Vertonung durch Norbert Schultze während des Zweiten Weltkriegs weltberühmt wurde, war einer der vielen Künstler, die sich von Blankenese angezogen fühlten und sich hier inspirieren ließen. Der Schriftsteller war Sohn eines Hamburger Hafenarbeiters und wuchs in Hamburg – unter anderem in einem Haus in der Langen Reihe – auf. 1914 nahm er seinen Beruf als Lehrer für Sport und Religion auf, wurde aber 1915 zum Militär eingezogen. Nach einer Verwundung 1917 kehrte er in den Lehrerberuf zurück und begann mit der Veröffentlichung seiner ersten Kurzgeschichten in Hamburger Zeitungen. Zugleich versuchte er sich als Grafiker. 1920 erschien sein erstes Buch »Laternen, die sich spiegeln«, das der Autor selbst gestaltet hatte und auf das nun jährlich teils mehrere Veröffentlichungen folgten. 1937 erschien »Die kleine Hafenorgel« mit Gedichten und Zeichnungen, aus der Leips bekanntestes Gedicht über Blankenese stammt.

1932 zog Leip nach Blankenese in die Süllbergsterrasse 37. Hier blieb er, bis ihn 1948 die Zwangsverwaltung des Wohnraums der Nachkriegsjahre vertrieb, die zeitweise ganze Familien dazu zwang, in einem Zimmer zu leben. Als Leip von einer Geschäftsreise für den Stuttgarter Cotta-Verlag zurückkehrte, hatte man sein Haus einer solchen Belegungsmaßnahme unterworfen. Nachdem mehrere Versuche, sein Arbeitszimmer von den Eingewiesenen freizubekommen, gescheitert waren und selbst der ihm wohlgesonnene Erste Bürgermeister Max Brauer nicht helfen konnte, entschloss sich der Dichter und Maler 1948 nicht ohne Verbitterung und Enttäuschung zum Umzug nach Tirol und 1954 endgültig an den Bodensee. Dennoch

HANS LEIP (1893—1983)

blieb er Hamburg und Blankenese immer verbunden, und so entstand
1962 sein zweites großes Blankenese-Gedicht (siehe nächste Seite).

Blankenese

Ein Kleingebirg aus bunten Muscheln,
darüber dick die Wolken kuscheln.
Darunter Flaggen hin und her,
des Stromes Überseeverkehr.

Hoch auf der schlanken Promenade
Haus über Haus das Grüngestade.
Ein kleines Nest, ein großes Bild.
Die Architekten lächeln mild.

Ein Dorf, das wie ein Eden liegt
und sanft nach Grog und Flundern riecht.
Von angenehmen Parks verschönt,
von einer Gastwirtsburg gekrönt.

Die stille Zuflucht – im Vertrauen –
zeitmüder Schlemmer, schöner Frauen.
Der Liebesstrand, das Sonntagsbad,
das Tanzlokal der großen Stadt.

Treppauf, treppab die Winkelgänge,
Schlafpuppengärten, Netzgehänge,
Boot, Abendbank und Fliesenkram,
versponnen, blond und tugendsam.

Solide Wäsche bauscht im Wind,
mit fremden Münzen spielt ein Kind.
Ein Junge träumt von großer Fahrt,
ein Alter spinnt in seinen Bart.

Hoch über Baum und Schornsteindach
kommt man zu Atem allgemach.
Es brist herauf so meergeschwellt,
tief unten blitzt die weite Welt
(Hans Leip, 1929)

Blankenese

Ein treffliches Kap!
Niemand sollte, zum Strand hinab,
die hundert Stufen übelnehmen,
obschon der Fährweg der Kontinente so
wenig appetitlich ist fürs Baden.

Schönes grünes Gehügel! Anderswo
gewiß ein Nichts,
jedoch in der elbischen Tiefebenheit
mächtig und malerisch.

Bis in die Lüneburger Heide weit
schweift der Blick. Anno Abgetan
sah man die britischen Bomberangriffe
über Hannover und Bremen.

Gen West im Perlmut des Lichts
mimt die Kimm Ozean,
und es gleiten die Schiffe,
begehrlich geladen,
wie Spielmarken über den windigen Tisch.
(Hans Leip, 1962)

21 BLANKENESER STRANDWEG, UM 1960

6 STRANDWEG/FÄHRANLEGER

Unten am Strandweg angelangt, werfen wir einen Blick auf die Wohnhaus-
bebauung (Abb. 21). Der Strandweg und die anliegenden Häuser befinden
sich im hochwassergefährdeten Gebiet, weshalb sich die Bewohner durch
hohe Flutmauern und entsprechende Vorrichtungen an Türen und Fenstern vor Sturmfluten schützen. Unser Weg führt nun weiter Richtung
Anleger »Op'n Bulln« (Abb. 22+23), der seinen Namen von der ersten Anlegestelle erhielt, die aus einem festgemachten flachbodigen, »bulligen«
Transportschiff mit Holzsteg zum Ufer bestand.

Die Geschichte des Blankeneser Fähranlegers geht bis ins 11. Jahrhundert zurück. Wie beschrieben plante der Erzbischof Adalbert von Bremen
1059 den Aufbau einer Propstei auf dem Süllberg. Der Chronist Adam von
Bremen berichtete 1075 von dieser Burg. In seinem Bericht ist zu lesen,

22+23 DAMPFERANLEGESTELLE UND RESTAURANT OP'N BULLN, UM 1960

dass der Wald um den Gipfel gerodet und die Spitze des Berges eingeebnet wurde. Welche Funktion das Kastell im Einzelnen haben sollte, lässt sich nicht eindeutig feststellen. Es ist aber anzunehmen, dass es zum Schutz eines Handelswegs entlang und über die Elbe vor Überfällen von heidnischen Slawen diente. Adam von Bremen berichtet weiter, dass die Burgbewohner ihrer Aufgabe jedoch nicht nachgekommen seien, sondern selbst zu Räubern wurden und die zwischen Hamburg und Bremen verkehrenden Kaufleute überfielen. Dies ist auch der Grund, warum die Burg schon 1063 wieder niedergerissen wurde.

Gesichert belegt ist die Fährverbindung erst seit dem 14. Jahrhundert. In einer auf den 31. Dezember 1301 datierten Urkunde – eigentlich handelte es sich um das Jahr 1302, denn der Jahreswechsel fand im damals gültigen gregorianischen Kalender bereits am 25. Dezember statt – verpfändet der von Geldnot geplagte Graf Adolf VI. von Schauenburg und Holstein die Blankeneser Fähre samt Einnahmen. Seit wann genau Fährverkehr über die Elbe existiert, lässt sich nicht nachweisen. Es liegt jedoch nahe, dass er aufgrund des alten Handelswegs bereits seit einigen Jahrhunderten existiert hatte. Während der Hansezeit waren es vor allem Kaufleute, die neben dem Seeweg auch den alten Heerweg zwischen Dänemark und Holland nutzten. In dieser Zeit wurde die Fähre zu einer der wichtigsten Einnahmequellen der Schauenburger. Ab Ende des 15. Jahrhunderts kam der regelmäßige Transport von Magerochsen, die aus Jütland und Schleswig-Holstein nach Wedel zum Ochsenmarkt getrieben wurden, hinzu. Nach den Markttagen wurden sie mit Prahmen – kastenförmigen Kähnen ohne eigenen Antrieb – auf die andere Elbseite verbracht und dann

24 SAGEBIELS FÄHRHAUS, UM 1915

zum Mästen weiter gen Süden getrieben. Die gute Auslastung der Fähren führte wohl dazu, dass die Fährleute, die ohnehin ein rohes Volk waren, ihre Kundschaft nicht sonderlich gut behandelten. So wurde zum Beispiel über ihren hohen Bierkonsum geklagt. Auch berichtet der Engländer John Taylor von einer Reise im Jahr 1616, dass die Passagiere, egal ob Mann oder Frau, Arm oder Reich, die Fähre selbst über den Fluss rudern mussten und die Schiffersleute faul danebensaßen.

Seit Mitte des 18. Jahrhunderts entwickelte sich der Postverkehr, und Postkutschen wurden mit Ewern über den Fluss gesetzt. Diese neue Einnahmequelle ersetzte nach und nach das Verschiffen der Ochsen. Durch Streitigkeiten zwischen Hamburg und Dänemark wurde die Postlinie aber verlegt, und es verblieb den Blankenesern nur der Transport von Passagieren. Mitte des 19. Jahrhunderts wurde der Fähranleger schließlich durch eine Anlegestelle für Personendampfschiffe ersetzt. Die Dampfschiffe fuhren zwischen Hamburg, Blankenese, den Estedörfern und Buxtehude hin und her und machten den Fährverkehr überflüssig.

Eng verbunden mit dem Fährverkehr war das Fährhaus, das, oberhalb des Strandwegs gelegen, erstmals für das 16. Jahrhundert belegt ist. Für die Zeit um 1700 herum ist eine Krügerei nachgewiesen. Dies lässt sich einem Dokument entnehmen, das die Beschwerde eines Mannes aus Wedel wiedergibt, wonach der Fährmann ihn mit einem Krug beworfen habe.

1826 fiel das damalige Fährhaus einem Feuer zum Opfer, und der Krüger ließ die Fährstation wieder aufbauen. 1868 dann kaufte Anton Conrad Sagebiel, dessen Namen es noch heute trägt, das Fährhaus und etablierte es mit dem Bau eines Festsaals 1878 als Lokalität für Feierlichkeiten jeglicher Art (Abb. 24). Nach dem Ersten Weltkrieg liefen die Geschäfte über Jahrzehnte schlecht, und die Pächter wechselten häufig, bis sich 1962 die Gastronomenfamilie Walter des Restaurants annahm. 1990 wurde »Sagebiels Fährhaus« unter Leitung des Küchenchefs Michael Ming-Hao Chen saniert und aufwendig umgebaut. Seither bietet es deutsch-internationale und chinesische Küche.

7 STRANDWEG/STRANDHOTEL

Um 1800 herum wurde Blankenese von immer mehr Besuchern als touristischer Badeort entdeckt (Abb. 25), und mit den verbesserten Transportmitteln stieg die Gästezahl. Waren die Besucher vorher noch in Postkutschen angereist – die Fahrt zwischen Altona und Blankenese dauerte etwa zwei bis drei Stunden und war sehr beschwerlich –, existierte seit 1839 eine Pferdeomnibuslinie. Ab 1842 konnten Ausflügler dann auch per Schiff von den Landungsbrücken anreisen. Mit der Eröffnung der Eisenbahnlinie zwischen Altona und Blankenese 1867 war Blankenese verkehrstechnisch dann vollständig angebunden. 1899 löste die elektrische Straßenbahn die Pferdeomnibuslinie ab.

Neben der schönen Aussicht und der gastronomischen Vielfalt war es vor allem die Elbe mit ihrem Strand, die die Touristen anlockte. Es gehörte damals zum guten Ton, für einige Wochen in die Sommerfrische zu fahren – ob in die neu entstandenen Seebäder oder eben nach Blankenese mit seinem romantischen Elbufer und seinem milden Klima.

Ihr Sonnenbad nahmen die Gäste Mitte des 19. Jahrhunderts noch vollständig bekleidet, denn ein heller Teint gehörte bis um 1900 zum Schönheitsideal der feinen Gesellschaft, die sich damit von der bei der körperlichen Arbeit im Freien gebräunten Arbeiterschaft abgrenzte. Auch

25 BADEFREUDEN AM STRANDWEG, UM 1900

gebadet wurde in langen Badeanzügen. Wer sich teure Badekostüme nicht leisten konnte – wie die ortsansässigen Gesellen und Lehrlinge – badete eben unbekleidet. Und dies geschah zum Leidwesen der betuchten Gesellschaft einigermaßen oft. Beschwerden und ein Nacktbadeverbot waren die Folge, Letzteres wurde allerdings nicht unbedingt eingehalten.

So hieß es in einem Leserbrief in den »Norddeutschen Nachrichten« aus dem Sommer des Jahres 1887:

»Der äußerst bequeme, mitten im Ort belegene Herrenbadeplatz wird ganz besonders fleißig frequentiert; vom frühen Morgen bis zum späten Abend sieht man hier Badegäste jeder Größe, welche sich hier nach Herzenslust in ungeniertester Weise im Kostüm ihres Ahnherren Adam – und zwar größtenteils ohne Feigenblatt – bewegen, bald im Wasser, bald im warmen Sand tummelnd, zum nicht geringen Entsetzen der Passanten, der Anwohner und der vielen Sommergäste, welche in jener Gegend Quartier genommen und denen doch jetzt der Aufenthalt im Freien aus leicht zu erratenden Gründen verleidet ist.«

Das 1888 von Johannes Andreas Breckwoldt eingerichtete Badeschiff sollte helfen, die sittliche Notlage zu lindern, und versprach ungetrübtes Badevergnügen für je zehn Männer und zehn Frauen. Der Rumpf des Schiffes war in zwei Abteilungen – je eine für Damen und Herren – eingeteilt. Diese waren wiederum durch Bretterwände in zehn Einzelkabinen unterteilt, und der Elbstrom wurde mittels Klappen durch die Badeabteilungen geleitet. Dass das Baden in diesen einzelnen Zellen nicht sonderlich vergnüglich gewesen sein kann, lässt das baldige Verschwinden der Badeanstalt vermuten. Insbesondere für die Jugend war diese Badeanstalt nicht sonderlich attraktiv, bevorzugte sie doch weiterhin das »Kostüm ihres Ahnherrn Adam«.

Um die Einnahmen aus dem Tourismus zu steigern, wurde in jener Zeit auch eine Kurtaxe für den Luftkurort Blankenese eingeführt. Alle Besucher, die sich in den Sommermonaten länger als drei Tage in Blankenese aufhielten, mussten eine Gebühr bezahlen, die sich nach der Länge ihres Aufenthalts richtete.

Seit den 1920er Jahren wurden Badekabinen am Wasser unterhalb von Baurs Park eingerichtet. Diese ermöglichten es den Badegästen, sich ungesehen zu entkleiden und aus den Kabinen heraus, geschützt vor Blicken, direkt ins Wasser zu gleiten. Eine Attraktion waren bis 1941 die natürlichen Badeinseln im Elbstrom. Die Bootsvermietung Kühn unterhalb von Baurs Park und Breckwoldt unterhielten beim Strandhotel bis zuletzt einen Pendelverkehr zu diesen Badeinseln, dem Kleinen und dem Großen Schweinesand. Nachdem die Wasserqualität die Elbe über Jahrzehnte zum Baden ungeeignet machte, hat die bakterielle Belastung wieder stark abgenommen, sodass ein Bad in der Elbe aus hygienischen Gründen heute kein Risiko mehr darstellt. Aufgrund der starken Strömung und des gewaltigen Sogs der Schiffe rät die Umweltbehörde trotzdem davon ab.

Im Zweiten Weltkrieg wurden die Inseln im Mühlenberger Loch zum Bau eines Rollfelds für die Flugbootwerft von Blohm + Voss ausgebaggert und verschwanden. Das Mühlenberger Loch diente nach dem Krieg übrigens als Startbahn für die »Rosinenbomber« der Alliierten. In der Zeit vom 5. Juli 1948 bis zum 12. Mai 1949 starteten von hier laufend die »Sunderland«-Flugboote der britischen Royal Air Force Richtung Berlin.

MÜHLENBERGER LOCH

»Zwei Jahre steht der Airbusbau. / Das neue Watt schon versandet. / Die Löffelenten nehmen es genau, / ziehen aus, wo der Airbus landet.« So dichtete 2005 die Autorin Annemarie Neef und thematisiert damit den wohl bekanntesten Teil der Geschichte des Mühlenberger Lochs (Abb. 26). Trotz großer Proteste aus der Bevölkerung entschloss sich die Stadt Hamburg am Ende der 1990er Jahre, einen Teil des Gebiets zugunsten des Werksgeländes für den Bau des Airbus A 380 aufzugeben. Zwischen 2001 und 2003 wurden Teile des Mühlenberger Lochs mit Sand aufgeschüttet, um auf diese Weise mehr Platz für die Erweiterung der Fertigungshallen zu gewinnen.

Heute weiß kaum einer mehr, dass Mühlenberg bis ins 19. Jahrhundert hinein eine kleine Siedlung bei Blankenese und Dockenhuden war, die namengebend für das heutige Naturschutzgebiet ist. Wo wir heute eine gleichmäßige Wasserfläche sehen, war das Gewässer einst von Sandbänken durchsetzt. Das änderte sich erst, als die Hamburger Flugzeugbau GmbH, die Flugzeugwerke von Blohm + Voss, Anfang der 1940er Jahre eine Start- und Landebahn zur Erprobung von Wasserflugzeugen benötigte. So entstand durch die Aufschüttung des Aushubs neben dem Mühlenberger Loch, das seitdem an Finkenwerder grenzt, auch die Insel Neßsand, die seinen westlichen Abschluss bildet. Bereits in jener Zeit hatte es an dieser Stelle also erste Eingriffe in die Natur zugunsten der Industrie gegeben.

Die teilweise Zuschüttung des Mühlenberger Lochs Anfang der 2000er Jahre geschah unter erheblicher Gegenwehr aus der Bevölkerung. Hauptkritikpunkte der Gegner des Airbus-Ausbaus waren die Enteignung von Land und Höfen der Obstbauern im Alten Land, die Zerstörung der Lebensqualität durch den entstehenden Lärm und die Flugzeugabgase sowie im Hinblick auf das Mühlenberger Loch der Eingriff in ein bedeutendes Naturschutzgebiet. Als Süßwasserwatt und Vogelschutzgebiet hatte es schon in jener Zeit vor allem der Löffelente und der Krickente als Lebensraum gedient, weshalb es als Europäisches Vogelschutzgebiet gemäß der Vogelschutzrichtlinie registriert war. Außerdem zeichnete es sich durch einen enormen Fischreichtum aus. In Hamburg hingegen war das Mühlenberger Loch nicht als Naturschutzgebiet ausgewiesen, sondern als sogenanntes Landschaftsschutzgebiet mit einem definierten Geltungsbereich. Aus diesem Geltungsbereich strich die Freie und Hansestadt den zugeschütteten Teil des Gebietes heraus. Der große Vogel hat hier also gewissermaßen den kleinen Vogel gefressen. Erst heute, nachdem ein beträchtlicher Teil des Mühlenberger Lochs fehlt, wird der übrig gebliebene Bereich als Naturschutzgebiet ausgeschrieben und anerkannt. Als Ersatzfläche für das Süßwasserwatt dienen heute Teile der Elbinsel Hahnöfersand zu beiden Seiten der Justizvollzugsanstalt.

Gerechtfertigt wurde das Vorgehen wie stets mit dem Argument des Nutzens für den Industriestandort Hamburg, durch den Bau des Werksgeländes erhoffte man sich die Schaffung zahlreicher Arbeitsplätze. Diese Hoffnungen haben sich indes nicht erfüllt.

Seit den 1960er Jahren besteht der Mühlenberger Segelclub, das Mühlenberger Loch war damals wie heute ein beliebtes Segelrevier. Blickt man bei einem Spaziergang, zum Beispiel durch Blankenese, ans andere Elbufer, so kann man die hübschen Segel der Optimisten in der Sonne leuchten sehen. Früher vor der Kulisse des Alten Landes – heute vor den Werkshallen von Airbus.

26 MÜHLENBERGER LOCH

Während und nach dem Zweiten Weltkrieg flaute das Tourismusgeschäft in Blankenese ab. Mochte den Menschen im Krieg der Sinn nicht nach Reisen stehen, zeigten sie sich seit den 1950er Jahren zwar wieder reisefreudiger, doch nun entwickelte sich ein zunehmender Ferntourismus, und die heimischen Urlaubsziele verloren an Bedeutung. Geblieben sind seitdem nur mehr die Tagestouristen und die Ausflügler, die die schöne Landschaft, die herrlichen Villen und das malerische Treppenviertel bei langen Spaziergängen genießen.

Zum Bahnhof zurück gelangen wir entweder über eine der zahlreichen Treppen, die zur Blankeneser Hauptstraße bzw. Bahnhofstraße führen, oder mit einer »Bergziege« der Linie 48, die schräg gegenüber des Anlegers Op'n Bulln abfahren.

BLANKENESE (WEST)

5

Goßlers Park ∗ Richard-Dehmel-Haus ∗ Bismarckstein ∗ Schinckels Wiese ∗ Schiffswracks »Polstjernan« und »Uwe« ∗ Leuchtturm Blankenese ∗ Hessepark ∗ Blankeneser Kirche

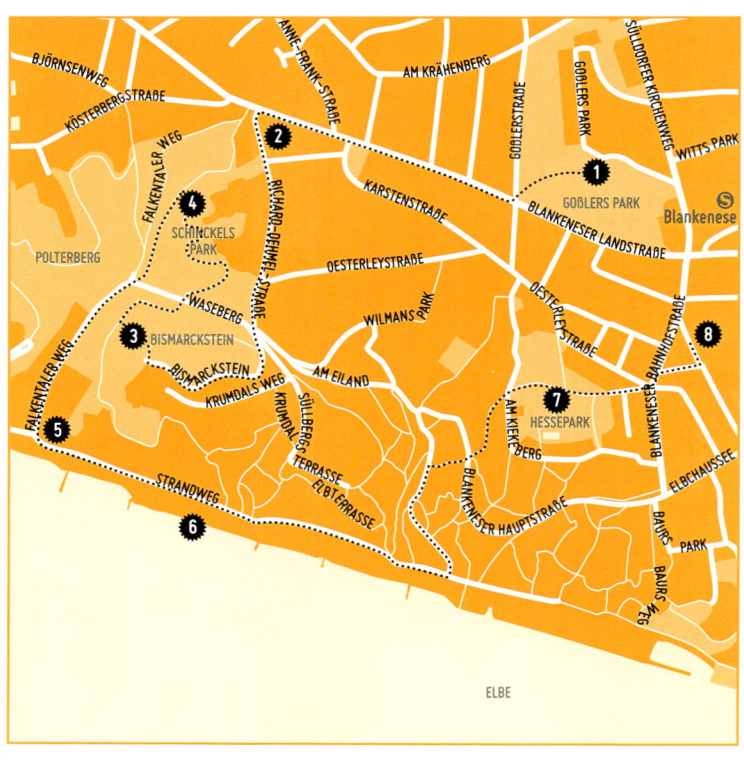

Blankenese besticht durch seine Vielfältigkeit (vgl. zur Geschichte des Stadtteils die Einleitung zu Rundgang 4). In dem ehemaligen Fischerdorf können wir unzählige architektonische Besonderheiten entdecken, stundenlang am Elbufer entlangflanieren, das Treppenviertel durchwandern oder in einem der ausschweifenden Parks Ruhe suchen. Dieser zweite Blankenese-Rundgang, der uns von Goßlers Park bis zur Blankeneser Kirche führt, bietet für all dies Gelegenheit. Es lohnt sich, wenn wir uns dafür statt der zweieinhalb Stunden für die reine Bewältigung der Strecke einen halben Tag Zeit nehmen. Nicht wegen der Länge des Wegs, sondern weil wir immer wieder an Orte gelangen, an denen sich gut verweilen lässt.

Wir verlassen den S-Bahnhof Blankenese in Richtung Erik-Blumenfeld-Platz und gehen nach rechts bis zum Sülldorfer Kirchenweg. Dieser führt uns rechter Hand ein paar Meter hoch, bis es links in Goßlers Park geht.

1 GOSSLERS PARK

Schon beim Betreten des Parks fällt ein strahlend weißer Bau in der Mitte des Parks ins Auge. Er steht, umgeben von üppigen Bäumen, auf einer großen Wiese. Dieses einst karge Gelände wurde 1790 von dem englischen Kaufmann und Courtmaster John Blacker erworben, der hier 1794 von dem dänischen Architekten Christian Frederik Hansen ein Landhaus erbauen ließ. Es sollte leicht erhöht, »auf einem Parnass«, liegen und an einen antiken Tempel erinnern (Abb. 1). Den umliegenden Park ließ Blacker als englischen Landschaftsgarten anlegen. Doch das Haus, das wir heute in Goßlers Park sehen können, hat nur noch wenig mit jenem des dänischen Architekten zu tun. Lediglich der Grundriss sowie die Anordnung einiger Säulen und der das Haus umlaufende Fries erinnern noch an den Bau Han-

sens. 1816 ging das Haus in den Besitz von Daniel Roß, den in Hamburg als Kaufmann tätigen Sohn eines schottischen Arztes, über. Nach seinem Tod 1840 lebte seine ledige Tochter Jeanette noch bis 1896 auf dem Anwesen. Im Folgejahr schließlich gingen Landhaus und Park an den Unternehmer und Spekulanten John Henry Goßler (1849–1915) über, nach dem sie heute benannt sind. Er ließ das Haus aufstocken, bevor es 1901 bei einem Brand nahezu vollständig zerstört wurde. Danach ließ Goßler das vormalige Holzhaus zweigeschossig in Stein wieder aufbauen (Abb. 2).

Unter Goßler wurde auch der Park, der das Anwesen umgab, zunehmend verschönert. Er reichte im Osten bis zum Sülldorfer Kirchenweg. Nachdem das Gelände 1924 von der Gemeinde Blankenese aufgekauft worden war, wurde dieser östliche Teil des Parks zur Parzellierung freigegeben – heute befindet sich hier die Straße Goßlers Park. Der übrige Teil ist öffentliches Parkgelände. Das Haus diente seit 1924 zunächst als Rathaus der Gemeinde Blankenese und wurde ab 1927 mit der Eingemeindung nach Altona zugleich als städtische Verwaltungsstelle, Heimatmuseum und kultureller Veranstaltungsort genutzt. 1995 gründeten einige Liebhaber des Anwesens den Förderverein Goßlerhaus e.V., der sich um eine vielfältige Nutzung des Hauses bemühte. Mieter sind heute die Bucerius Law School und die ZEIT-Stiftung Ebelin und Gerd Bucerius. Das Haus ist nun Tagungs- und Seminarzentrum. Neben Appartements und Gästezimmern, die hier für einige Monate zu mieten sind, hält das Standesamt Altona jeden Freitag Trauungen im Goßlerhaus ab. Jüngste Errungenschaft des Fördervereins innerhalb des Gebäudes ist die 2008 eingerich-

2+3 GOSSLERHAUS HEUTE UND HÄUSER GÄRTNER UND MÖNCKEBERG-KOLLMAR

tete Horst-Janssen-Bibliothek (www.janssen-bibliothek.com). Sie verfügt inzwischen über rund eintausend Bücher von und über den bekannten Zeichner und Grafiker, der von 1967 bis zu seinem Tod 1995 in Blankenese lebte. Die Präsenzbibliothek ist jeden zweiten und vierten Donnerstag im Monat von 15 bis 19 Uhr und nach Vereinbarung öffentlich zugänglich.

Wir gehen nun rechter Hand am Gebäude vorbei und folgen dem kleinen Weg in einen weiteren Teil des Parks. Wieder erstreckt sich eine große Wiese vor uns. Sofort stechen zwei unmittelbar an die Wiese grenzende Häuser ins Auge (Goßlers Park 22 und 24, Abb. 3). Die beiden 1930 von dem Architekten Carl Gustav Bensel (1878–1949) erbauten Flachdachhäuser sind beeindruckende Zeugnisse des Neuen Bauens in Hamburg und verbinden zylindrische und kubische Formen zu einem klaren Bild. Die oberen Fenster erinnern an Bullaugen, einer Reling nachempfunden sind die Geländer von Balkon und Terrasse. Wie zwei Dampfer liegen die durch einen ebenerdigen Freisitz verbundenen Bauten auf der Wiese. Diese Verbindung ergab sich aus der Freundschaft der beiden ursprünglichen Besitzerinnen: Marianne Gärtner und Vilma Mönckeberg-Kollmar erwarben 1929 die beiden Grundstücke und beauftragten das Architekturbüro Bensel, Kamps & Amsinck mit dem Entwurf der beiden modernen Landhäuser. Sie sind fast unverändert erhalten und stehen seit 2006 unter Denkmalschutz.

146   Das Goßlerhaus im Rücken, verlassen wir den Park linker Hand und halten uns links, bis wir zur Blankeneser Landstraße gelangen. Diese überqueren wir und gehen sie dann ein gutes Stück nach rechts entlang, vorbei an der Freiwilligen Feuerwehr Blankenese, bis linker Hand die Richard-Dehmel-Straße abzweigt. Auf dem Weg dorthin haben wir, zumindest auf der rechten Straßenseite, die Gelegenheit, zahlreiche prachtvolle Blankeneser Villen zu bestaunen.

2 RICHARD-DEHMEL-HAUS

Wir biegen nun in die Richard-Dehmel-Straße ein und machen Halt vor dem Haus Nr. 1 auf der linken Seite (Abb. 4). Im Sommer ist das Haus leicht zu übersehen, dichte Bäume verdecken es. Dass sein einstiger Besitzer das Leben in vollen Zügen lebte, legen Dehmels Gedichte wie sein »Bekenntnis« nahe:

>»Ich will ergründen alle Lust,
>so tief ich dürsten kann;
>ich will sie aus der ganzen Welt
>schöpfen, und stürb ich dran.«

Den einen war der Dichter zu exzentrisch, andere betrachteten Richard Dehmel (Abb. 5, 1863–1920) hingegen als lyrisches Genie. Zu Lebzeiten wurde er als einer der größten Lyriker seiner Zeit gefeiert und beeinflusste so unterschiedliche Schriftsteller wie Thomas Mann, Else Lasker-Schüler, Hermann Hesse und Stefan Zweig. Seine Gedichte wurden von Richard Strauß, Max Reger und Arnold Schönberg vertont, die Künstler Max Liebermann, Lovis Corinth und Oskar Kokoschka porträtierten den Dichter. Erstaunlicherweise ist Dehmel heute vergleichsweise unbekannt.

Dehmel war der Sohn eines Försters aus der Mark Brandenburg. Er studierte in Berlin und Leipzig und arbeitete zunächst als Angestellter in einer Versicherungsgesellschaft, doch schnell wurde klar, dass dies kein adäquates Leben für den Lyriker mit dem rauschhaften Stil war, der in Berliner Kneipen auf Tische sprang, um seine Verse zu rezitieren. Nachdem seine erste Ehe gescheitert war, kam er 1901 mit seiner zweiten Frau Ida nach Blankenese. Das Paar bewohnte zunächst eine Mietwohnung in der

4 RICHARD-DEHMEL-HAUS, UM 1920

Parkstraße (heute Am Kiekeberg). 1912 bezogen die Dehmels das Haus in der damaligen Westerstraße 5 (heute Richard-Dehmel-Straße 1), das Freunde und Verehrer dem Dichter zum fünfzigsten Geburtstag geschenkt hatten und das der Hamburger Architekt Walther Baedeker nach Dehmels Vorstellungen errichtet hatte. Hier empfing das Paar von nun an viele illustre Gäste, neben Künstlern und Komponisten verkehrte hier auch die kulturell interessierte Hamburger Gesellschaft. Häufigster Gast aber war der engste Freund und Dichter Detlev von Liliencron (1844–1909).

In der Zeit des Ersten Weltkriegs entwickelte sich Richard Dehmel zum inbrünstigen Nationalisten und zog 1914 im Alter von 51 Jahren in den Krieg. An der Front erlitt er schwere Verletzungen, deren Spätfolgen

er 1920 erlag. Er starb zu Hause in Blankenese, zurück blieb Richards Frau Ida. Auch sie betätigte sich künstlerisch und gründete 1926 die »Gemeinschaft der deutsch-österreichischen Künstlerinnen« (GEDOK), die bis heute als Gemeinschaft von Künstlerinnen und Kunstfreunden besteht. Ida Dehmel war jüdischer Herkunft und wurde nach 1933 zunehmend

5 RICHARD UND IDA DEHMEL von den Nationalsozialisten drangsaliert. Als ihr

1942 die Deportation bevorstand, nahm sie sich in Blankenese mit Schlaf-
tabletten das Leben. Heute erinnert ein Stolperstein des Künstlers Gunter
Demnig vor dem Haus an ihren tragischen Tod.

Nach dem Tod Ida Dehmels stand das Haus viele Jahre leer, bis sich in
den 1990er Jahren der Mäzen Claus Grossner seiner annahm. Er ließ das
Haus herrichten und pflegte die gesamte Anlage. Seit dem Tod Grossners
2010 ist das Haus in einem schlechten Zustand und gleicht zunehmend
einer Bauruine – die Fenster sind vernagelt, der Garten überwuchert. Nun
hat sich die Hermann Reemtsma Stiftung des Gebäudes angenommen.
Gelder in Millionenhöhe sollen der Renovierung des Hauses und der Re-
staurierung des Inventars zugute kommen. Nach Abschluss der Arbeiten
soll das komplett erhaltene Dichterhaus auch der Öffentlichkeit zugänglich sein.

Wir folgen der Richard-Dehmel-Straße, bis sie auf den Waseberg trifft.
Hier biegen wir bei der Bushaltestelle links in die Straße Bismarckstein
ein. Die Straße macht bald eine große Rechtskurve. Im Anschluss, kurz
nach Haus Nr. 2, führt uns rechter Hand eine Treppe an einem Kinder-
spielplatz vorbei hinauf auf den Bismarckstein.

3 BISMARCKSTEIN

Fast geheimnisvoll mutet der Weg auf den 88,4 Meter hohen Bismarckstein an. Der Spaziergänger läuft hier durch einen Mischwald aus Eichen,
Buchen und Kiefern und kann im Sommer die Elbe am Fuß des Bergs nur
erahnen.

Seinen Namen verdankt dieser Ort dem Kaufmann Ludwig Anton Julius Richter (1836–1909). Als Wechselmakler an der Hamburger Börse war
er zu großem Vermögen gekommen und nutzte das Geld zur Gründung
der Holsten-Brauerei. Außerdem beeinflusste Richter die Wirtschaft der
Stadt Hamburg durch seinen Sitz in verschiedenen Aufsichtsräten. Als
Rückzugsort wünschte er sich einen Landsitz an der Elbe und erwarb 1875
ein großes Stück Land. Auf diese Weise vereinigte er die Höhen Waseberg,

6 BLICK VOM BISMARCKSTEIN AUF DIE ELBE

Groß Notenberg, Polterberg und Lütt Notenberg und schuf ein Anwesen, das als zusammenhängende Parklandschaft von der Kösterbergstraße im Norden bis zum Elbufer im Süden reichte.

Richter war jedoch nicht nur Geschäftsmann und Naturfreund, sondern auch ein glühender Bismarck-Verehrer und ließ 1890 einen Teil seines Anwesens in »Bismarckstein« umbenennen, wofür er zuvor die offizielle Genehmigung des Regierungspräsidenten in Schleswig einzuholen hatte. Die Umbenennung war Richter jedoch noch nicht genug, er wollte ein weithin sichtbares Standbild seines Idols, für das er bei dem Hamburger Architekten Georg Thielen einen Entwurf in Auftrag gab: Auf einem zwanzig Meter hohen Granitsockel sollte ein dreißig Meter hoher kupferner Bismarck stehen, der sich auf sein Schwert stützt. Man stelle sich vor, ein alles überragender Bismarck oberhalb der Elbe würde heute mit Blick auf den Fluss die Schiffe bewachen! – Das Standbild wurde nie gebaut. Dies hatte allerdings keine finanziellen Hintergründe, denn Richter hatte das Geld für die Errichtung durch eine Spendensammlung unter den Hamburger und Altonaer Bürgern schon nahezu beisammen. Das Scheitern hatte vielmehr politische Ursachen. Da Otto von Bismarck sich mit Kaiser Wilhelm II. überworfen hatte, wurde eine Aufstellung des Denkmals auf preußischem Boden nicht geduldet. Eine Vorstellung davon, wie das Standbild hätte aussehen können und wie mächtig es sich in Szene gesetzt hätte, bekommt man beim Blick auf das Bismarck-Denkmal in St. Pauli nahe den Landungsbrücken.

Nach dem Tod Richters 1909 verkaufte sein Sohn das Parkanwesen. Der Bismarckstein wurde im April 1910 durch Spendengelder von der Gemeinde Blankenese erworben. Ein weiterer großer Teil des Anwesens ging an die Hamburger Bankiersfamilie Warburg.

Oben auf dem Bismarckstein angekommen, wenden wir uns zunächst nach rechts. Hier erinnert ein Gedenkstein an den ehemaligen Gemeindevorsteher (1895–1917) von Alt-Blankenese Johann Heinrich Sibbert (Abb. 7). Sibbert starb während den Verhandlungen über die Eingemeindung von Dockenhuden nach Blankenese. Er hatte dafür gesorgt, dass Teile des Parks, die heute der Allgemeinheit zugänglich sind, von der Gemeinde Blankenese angekauft wurden. Nicht zuletzt ihm haben wir es zu verdanken, dass wir heute den Bismarckstein durchwandern können.

Wir gehen nun ein Stück nach links Richtung Elbe und sehen einen Backsteinturm, der zumindest im Sommer durch die vielen Bäume beim Aufstieg kaum zu erahnen ist. Ehemals als Aussichtsturm errichtet, ist er heute in einem recht maroden Zustand und nicht mehr öffentlich zugänglich (Abb. 8). Gegen Ende des 19. Jahrhunderts wohnte in diesem Turm die Blankeneser Eisenbahner-Familie Raupert mit ihren fünf Kindern. Weil Johann Wilhelm Raupert nicht genug Geld verdiente, um sich und seine Familie zu ernähren, eröffnete seine Frau Johanna Maria Raupert im Turm als zusätzliche Einnahmequelle eine Milchwirtschaft. Hier konnten sich die Ausflügler nach der Turmbesteigung erfrischen. Es muss sehr beengt gewesen sein im Zuhause der siebenköpfigen Familie. Zwar verteilte sich

7+8 SIBBERT-GEDENKSTEIN UND AUSSICHTSTURM AUF DM BISMARCKSTEIN, 1913

der Wohnraum über zwei Geschosse, aber neben den Zimmern befand sich natürlich noch die Treppe im Inneren des Turms. 1890 zog die Familie in die Süllbergsterrasse, wo die Frau des Eisenbahners bis etwa 1920 ihr Gewerbe fortsetzte und einen Mittagstisch anbot.

Wir lassen nun den Turm im Rücken und gehen noch ein wenig weiter die Treppe hinunter in Richtung Elbe. Ein unvergleichlicher Blick bietet sich hier dem Betrachter, der sich noch weitet, wenn man die Treppenstufen hinunter bis ganz an den Rand der unteren Aussichtsplattform geht (Abb. 6). Das Panorama reicht weit ins Alte Land und nach Westen bis über die Landesgrenze nach Wedel, und wir haben von hier einen großartigen Blick auf die Elbinseln. Bei schönem Wetter kann man neben den Containerriesen viele Segelschiffe sehen. Der Blick von hier oben gehört vermutlich zu den schönsten Elbblicken, die Hamburg zu bieten hat.

Nicht zu übersehen ist hier ein weiteres Denkmal, das an die Gefallenen der Marine im Ersten Weltkrieg erinnert. Die grüne Kupferplatte mit der Inschrift »Was auch die See verschlang, die Zeit verschlang das Weh, ewig bleibt die See« wurde erst 1949 angebracht. Ursprünglich war der Gedenkstein 1935 von der Marine-Kameradschaft Blankenese im Nationalsozialistischen Deutschen Marinebund eingeweiht worden. Eine Bronzetafel zeigte einen untergehenden Matrosen auf einem Wrackteil mit der wehenden Reichskriegsfahne in der Hand. Diese Gedenktafel wurde bereits 1945/46 abmontiert.

Wer möchte, lässt sich nun auf einer der Bänke nieder und genießt den großartigen Ausblick, dem man sich fast nicht entziehen kann.

Mit Blick auf die Elbe befindet sich linker Hand eine feste Treppe. Wir gehen sie nicht ganz hinab, sondern nur einige Stufen, und wenden uns bald nach rechts auf einen kleinen Waldweg. Diesem Weg folgen wir, bis wir zu einer Holzbrücke gelangen.

 **ELBINSELN**

Auf einem Spaziergang am Elbufer in Blankenese und Wittenbergen bietet sich fast durchgehend der Blick auf die Elbinsel Neßsand. Rund zehn Kilometer lang streckt sie sich inmitten des Stroms. Die Länderhoheit teilen sich auf der schmalen Insel drei Bundesländer: Hamburg, Niedersachsen und Schleswig-Holstein. Doch die Insel gab es nicht immer, Neßsand ist erst im 20. Jahrhundert durch die Zusammenfügung der Inseln Großer Schweinsand und Hanskalbsand entstanden. Der Große Schweinsand wurde früher auch nach seinem Pächter »Meiers Sand« genannt und war zusammen mit dem Kleinen Schweinsand ein beliebtes Ziel zum Baden und Sonnen. 1941/42 plante Blohm + Voss dort eine Start- und Landebahn für Wasserflugzeuge. Zu diesem Zweck wurden die Inseln Kleiner Schweinsand und Böhaken ausgebaggert und zwischen Großem Schweinsand und Hanskalbsand wieder aufgeschüttet. Hinzu kam der Sand des Finkenwerder Neß. Von Letzterem stammt vermutlich auch der Name der neu entstandenen Insel. In den 1970er Jahren tat der Sand des ausgebaggerten Autobahn-Elbtunnels sein Übriges, die Inseln zu verbinden. Heute bildet Neßsand den westlichen Abschluss des Mühlenberger Lochs. Die Insel ist inzwischen Naturschutzgebiet und wird von Hamburg aus verwaltet, unbefugtes Betreten ist verboten, und es gibt keinen öffentlichen Schiffsverkehr hinüber.

Direkt hinter Neßsand, etwa gegenüber der Stadt Wedel, erstreckt sich nah am linken Elbufer die Insel Hahnöfersand. Der Ursprung des Namens ist ungeklärt, der Sage nach soll es hier einst eine Sturmflut gegeben haben, bei der lediglich der Wetterhahn des Kirchturms aus dem Wasser herausragte – ein »Hahn öfer Sand«. Im Zuge einer Flutschutzmaßnahme wurde die Insel 1976 vollständig eingedeicht und ist seither durch einen Damm mit dem Festland verbunden. Berühmt ist die kleine Insel vor allem, weil sich hier seit 1920 eine der ältesten Jugendstrafanstalten Deutschlands befindet. 1902 erwarb der Hamburger Senat die Insel und lud zunächst ausgebaggerten Sand aus dem Hamburger Hafen hier ab. Deshalb ist die Insel gegenüber dem Alten Land auch um acht Meter erhöht.

1911 wurde Hahnöfersand an die Gefängnisverwaltung übergeben, und zwei Jahre später befanden sich hier die ersten Gefangenen. Im Ersten Weltkrieg leisteten russische Kriegsgefangene Zwangsarbeit auf der Insel. Um die Arbeit bei der Nutzbarmachung des Landes zu unterstützen, schloss man in jener Zeit gar einen Vertrag mit Carl Hagenbeck. Dromedare und Büffel wurden hierher gebracht, um die Arbeitskraft der Menschen zu ergänzen. Nach dem Krieg kaufte der Zoobesitzer die Tiere zurück.

1920 dann wurde die Jugendstrafanstalt eingerichtet, und zwar drei Jahre bevor ein gesonderter Strafvollzug für Jugendliche gesetzlich festgelegt wurde. Man verfolgte einen reformpädagogischen Ansatz mit offenem Vollzug. Da die Insel in jener Zeit ohnehin nur mit dem Schiff erreichbar war, stellte dies kein größeres Problem dar. Während des Zweiten Weltkriegs wurden die Gefangenen evakuiert und auf andere Anstalten verteilt, weil hier eine

HAHNÖFERSAND, 2012

Flugabwehr-Einheit stationiert wurde. Gleich nach Kriegsende kehrten die jugendlichen Straftäter zurück auf die Insel. In der Nachkriegszeit herrschte völlige Überbelegung. Bis zu 500 Jungen befanden sich zeitgleich in Gefangenschaft. Aus dieser Zeit datiert Siegfried Lenz' Roman »Deutschstunde«. Im Roman befindet sich der Protagonist Siggi Jepsen auf einer Insel in einer Besserungsanstalt für Jugendliche, die Lenz stark an Hahnöfersand anlehnte.

Damals mussten sich fünfzig bis sechzig Jungen einen Saal teilen, heute verfügt jeder Gefangene über eine Einzelzelle. In den 2000er Jahren kam Hahnöfersand in Verruf, weil die Anzahl der Betreuer und Mitarbeiter im Verhältnis zu den Gefangenen völlig unzureichend schien. Inzwischen existiert auf der Insel neben dem Jugendvollzug eine Strafanstalt für erwachsene Frauen. Allerdings wird derzeit über deren Verlegung diskutiert. Insgesamt verfügt Hahnöfersand über rund 330 Plätze für Straftäter.

4 SCHINCKELS WIESE

Kurz vor der Brücke bei einer Abzweigung wird dem Namensgeber der Wiese, zu der uns der Weg führt, Max von Schinckel (1849–1938), in Form eines Findlings gedacht. Wir gehen über die Brücke und überqueren dabei die Straße Waseberg. Am anderen Ende angekommen, gehen wir wieder ein Stück bergauf und halten uns bei nächster Gelegenheit links. Ein kleiner kurvenreicher Weg führt nun auf Schinckels Wiese (Abb. 9). Hier ist der Weg zugleich das Ziel, denn er wird auf halber Strecke von üppigen Rhododendren bewacht und führt uns durch eine wunderschöne Waldlandschaft direkt zur Wiese.

Wie so viele Grünflächen in Blankenese war auch Schinckels Wiese einst Teil eines größeren Anwesens. Nach mehrmaligem Besitzerwechsel ging es 1888 an Max von Schinckel über, der als Chef der Norddeutschen Bank und als Vorsitzender des Aufsichtsrats der Hamburg-Amerika-Linie

9+10 BLICK AUF SCHINCKELS WIESE IM SOMMER UND RODELN MIT »KREEKS« IM WINTER

zu den wichtigsten Wirtschaftsführern in Hamburg gehörte. Das »von« in seinem Namen erwarb der Baron, als er im Ersten Weltkrieg vom Kaiser aufgrund seiner militärischen Verdienste in den Adelsstand erhoben wurde. Nach seinem Tod ging der Besitz an den Sohn Schinckels über, der große Teile des Anwesens verkaufte. Die Gemeinde Blankenese erwarb die heutige Schinckels Wiese. Sie verläuft steil ansteigend vom Fuß des Bismarcksteins nach Norden bis zu jener Stelle, an der sich Blankeneser und Rissener Landstraße treffen.

Aufgrund ihrer Steigung ist die Wiese für Spaziergänger wenig einladend. Schön und friedlich ist es allerdings, auf einer der Bänke Platz zu nehmen und dem steilen, von großen Bäumen umgebenen Hang zumindest mit den Augen zu folgen. Im Sommer ist es ruhig hier, in kalten Wintern jedoch kann der Betrachter an dem Abhang ein abenteuerliches Treiben bestaunen: Das sogenannte Rüschen ist eine Blankeneser Tradition. Auf schweren handgefertigten Holzschlitten, »Kreeks« genannt, rodeln risikofreudige Wintersportler mit vierzig bis sechzig Stundenkilometern den Hang hinunter (Abb. 10). Gesteuert wird eine Kreek mit einer vier bis sieben Meter langen Latte, die der Rodler sich unter den Arm klemmt. Die Wiese wird schnell zu einer 400 bis 500 Meter langen Eisfläche, beim Betrachten kann einem bei dieser Vorstellung schon recht mulmig werden.

11 HOTEL FALKENTHAL, 1913

Wir verlassen Schinckels Wiese nun Richtung Elbe und kommen automatisch auf den Falkentaler Weg. Hier im Haus Nr. 1 befand sich seit 1883 das populäre Hotel »Zum Falkenthal« (Abb. 11). Gegründet wurde es von Friedrich Matthias Harmstorf, dem Inhaber einer Taucher- und Bergungsfirma, und seiner Frau Elisabeth, die es durch ihren Ideenreichtum schnell in aller Munde brachten. Friedrich Harmstorfs Leidenschaft fürs Tauchen war es zu verdanken, dass sich neben dem Hotel ein Teich befand, in dem Tauchvorführungen dargeboten wurden. Goldene Ringe wurden hier aus der Tiefe geholt, ein Hochseilartist überquerte die Wasseroberfläche auf einem Seil, und eine Luftakrobatin führte abenteuerliche Kunststücke vor. Das Publikum konnte das Spektakel von einer Aussichtsbrücke neben dem Teich bestaunen. Wirklich spektakulär aber waren die »lebenden Bilder«, die hier schon 1895/96 dargeboten wurden. Das Hotel Falkenthal gehörte zu den ersten Orten in Hamburg und Umgebung, in denen dem Publikum das Kino nähergebracht wurde. 1903 starb Friedrich Matthias Harmstorf, und seine Witwe führte mithilfe ihrer Söhne neben dem Tauch- und Bergungsunternehmen auch das Hotel weiter. 1920 gab sie das Hotel endgültig auf, danach betrieb es die neue Eigentümerin Hertha Frey, deren Vater Ferdinand Nather das Hotel gekauft und ihr zum Geschenk gemacht hatte, weiter. 1943 wurde das ehemalige Hotel zur Notunterkunft für ausgebombte Werftarbeiter und deren Familien. Seit 2000 ist die Immobilie in den Händen eines Investors, heute befinden sich hier mehrere Wohnungen. Im Zuge der neuen Nutzung wurde das Haus verändert – so wurden etwa Balkone angebracht –, aber dennoch lässt sich der alte Charme des Gebäudes noch erkennen.

Am Ende des Falkentaler Wegs treffen sich der Strandweg und das Falkensteiner Ufer. Mit Blick nach links können wir den Leuchtturm Blankenese sehen, mit Blick nach rechts den Leuchtturm Wittenbergen. Wir gehen nun zunächst einige Meter nach rechts, bis wir einen guten Blick auf das Elbufer haben.

5 SCHIFFSWRACKS »POLSTJERNAN« UND »UWE«

Vor dem Elbstrand liegen zwei Schiffswracks, die zum unheimlichsten Seemannsgarn veranlassen könnten. Bei Niedrigwasser sind sie beide gut zu sehen: das Holzwrack der »Polstjernan« (Polarstern), das parallel zum Ufer liegt, und das steil aus dem Fluss hinausragende Heck der »Uwe«. Bei Hochwasser verschwindet Erstere nahezu vollständig, ihre Lage lässt sich dann lediglich erahnen. Die Polstjernan (Abb. 13) war einst ein stolzer finnischer Viermasterschoner, dessen eingebauter Motor ihm zum Verhängnis wurde. Als der Motorsegler am 20. Oktober 1926 auf dem Weg nach London durch den Nord-Ostsee-Kanal fuhr, überhitzte der Motor und setzte den Motorraum und das geladene Holz in Brand. Der brennende Schoner wurde zunächst auf die Nordsee gezogen und auf Sand gesetzt. Die Bergungsfirma von Alnwick Harmstorf brachte das Wrack schließlich ans Ufer von Blankenese und wartete auf weitere Anweisungen. Diese ergingen jedoch niemals, und so liegt die Polstjernan bis heute an ihrem Platz. Da der versehrte Schoner nach seiner Bergung bei Hochwasser immer wieder aufschwamm, wurde er schließlich mit Steinen beschwert und nach dem Zweiten Weltkrieg das Gewicht im Inneren des Wracks zusätzlich durch U-Boot-Schrott erhöht. Zusammen mit den Motorresten der Polstjernan liegt der Schrott bis heute im Wrack des Schoners.

Bei Hochwasser reckt die Uwe ihr Heck mit der verblassten Aufschrift »Hamburg« in die Höhe (Abb. 12). Am 19. Dezember 1975 kollidierte das Binnen-Motorschiff auf der Elbe vor Wittenbergen bei dichtem Nebel mit zwei weiteren Schiffen. Bei diesem tragischen Unfall gab es einen Toten zu beklagen, der allerdings nicht zur Besatzung der Uwe gehörte. Das 60,25 Meter lange Schiff war am Unglückstag auf dem Weg von Hamburg zum Nord-Ostsee-Kanal, als es von der »Wiedau« mitschiffs gerammt wurde. Die Uwe brach in der Mitte auseinander und sank. Auch sie wurde von der Bergungsfirma Harmstorf geborgen. Das Schiff war so schwer, dass es in vier Teile geschnitten wurde. Drei dieser Teile wurden am Falkensteiner Ufer verschrottet, das vierte Teil können wir bis heute am Elbufer bestaunen. Die Uwe war der vorletzte Auftrag der Firma Harmstorf, nach deren Ende sich schlicht niemand mehr des Schiffshecks annahm.

Beide Wracks sind herrenlos, sie liegen außerhalb des Schifffahrtsbereichs und sind daher auch auf den Seekarten nicht verzeichnet. Nur

12+13 SCHIFFSWRACKS »UWE« UND »POLSTJERNAN«

14+15 UNTER- UND OBERFEUER BLANKENESE

dem Spaziergänger am Ufer der Elbe stechen sie als rätselhafte Relikte ins Auge.

Wir kehren nun um und gehen zurück in Richtung Strandweg.

6 LEUCHTTURM BLANKENESE

Wenn wir dem Strandweg weiter Richtung Osten folgen, kommen wir zum Leuchtturm von Blankenese. Korrekter wäre es, von einem Richtfeuer zu sprechen – davon gibt es in Blankenese zwei. Das sogenannte Oberfeuer mit rotem Kopf befindet sich auf dem Kanonenberg in Baurs Park, das Unterfeuer mit seinem weißen Kopf ist schon von weitem am Elbufer erkennbar (Abb. 14+15). 1984 erst wurden die Feuer angesteckt, beide sind 1350 Meter voneinander entfernt. Das Unterfeuer, an dem wir uns nun befinden, besticht den Besucher vielleicht nicht gerade mit der

16 CHARITAS-BISCHOFF-TREPPE

Romantik älterer Leuchttürme, bietet aber eine kleine rundläufige Aussichtsplattform auf drei Etagen, wo man sich dem anderen Ufer gleich etwas näher fühlt. Auf dem obersten Teil der Plattform haben einige Paare ihre Liebe besiegelt, indem sie Schlösser am Geländer befestigt haben. Der Turm steht sicher auf einem Fundament aus 2500 Tonnen Stahl und Beton, er selbst wiegt stolze 200 Tonnen. Der Kopf des Leuchtfeuers wurde in einer Hamburger Werft gefertigt und schließlich als Ganzes auf den Turm gesetzt.

Wer möchte, legt an dieser Stelle eine kleine Pause am sandigen Elbufer ein. An heißen Tagen kann man herrlich schattig auf der unteren Plattform sitzen und den Blick über die Elbe schweifen lassen. Wen es weiterzieht, der geht am Leuchtturm vorbei Richtung Osten. Nun müssen wir einige Stufen steil bergauf. Entschädigt werden wir für die Anstrengung auf dem Weg durch das pittoreske Treppenviertel. Wer traditionelle Fischerhäuser sehen möchte, geht durch den Weg mit dem schönen Namen »Rutsch« und begibt sich von hier aus nach rechts auf die Elbterrasse. Hier kann man in der Nr. 4/6 ein echtes »Dreehuus«, ein Dreifamilienhaus, und in der Nr. 5/7 ein »Tweehuus« für zwei Familien bewundern (vgl. Rundgang 4). Wer lieber noch einen Moment das Elbufer entlanglaufen möchte, geht ein Stück weiter, bis sich linker Hand die Blankeneser Hauptstraße nach oben zieht. Über Schlagemihls Treppe gelangen wir auf die andere Seite der Straße und gehen weiter geradeaus die Charitas-Bischoff-Treppe hinauf (Abb. 16). Am oberen Ende der Treppe überqueren wir die Straße und gelangen nun direkt in den Hessepark.

 LEUCHTTÜRME

»Ich möchte Leuchtturm sein – in Nacht und Wind …«, schrieb der Hamburger Autor Wolfgang Borchert in den 1940er Jahren. Der Leuchtturm ist von jeher ein Bauwerk voller Magie. Er löst Heimweh und Fernweh aus, lässt uns an Meer und Weite denken und ist ein Ort der Einsamkeit, der zugleich Sicherheit und Geborgenheit vermittelt. Als es noch Leuchtturmwärter gab (der letzte verließ in Deutschland in den 1980er Jahren seinen Arbeitsplatz), umgab auch diese eine geheimnisvolle Aura, und sie lieferten Stoff für so manches sagenhafte Seemannsgarn.

An der Elbe waren Leuchttürme erst im Laufe des 19. Jahrhunderts von Bedeutung. Die Segelschiffe hatten es stets vermieden, nachts übers Wasser zu fahren, und brauchten daher auch nicht unbedingt Leuchtzeichen. Erst mit dem steigenden Aufkommen von Dampfschiffen, die den Hamburger Hafen passieren wollten, gab es nun auch bei Dunkelheit Schiffsverkehr, was die Orientierung mittels Lichtsignalen unerlässlich machte.

Ja, es gibt sie immer noch und auch in der heutigen Zeit modernster Technik sind Leuchttürme als Navigationsmittel nicht zu entbehren. Funktional sind sie vor allem durch die Geschwindigkeit, mit der kontrolliert werden kann, ob ein Schiff auf Kurs fährt. Während Radar und Satellitennavigation erst analysiert werden müssen, genügt im Falle des Leuchtfeuers ein Blick von der Brücke. Und das betrifft nicht nur den Kapitän eines Schiffs, sondern die gesamte Besatzung kann schnell sehen, wenn das Schiff vom Kurs abkommt. Gerade auf der Elbe ist genau das gefährlich. Während ein Schiff auf dem Meer meist keinen großen Schaden nimmt, wenn es um einige Meter von seiner Fahrlinie abweicht, kann dies einem Containerriesen auf dem vergleichsweise schmalen Fluss schnell zum Verhängnis werden. In Blankenese gibt es ein Oberfeuer auf dem Kanonenberg in Baurspark und das Unterfeuer am Strandweg. Liegen die Lichter beider Richtfeuer genau übereinander, dann befindet sich das Schiff mittig in der Fahrrinne.

Während der älteste deutsche Leuchtturm tatsächlich in Hamburg steht, nämlich auf der Insel Neuwerk, sind die Blankeneser Türme wesentlich jüngeren Datums. 1984 wurden die Feuer angesteckt – viel später als ursprünglich geplant. Denn bei weitem nicht jeder Blankeneser konnte einem Leuchtturm am Strandweg die Romantik abgewinnen, die er heute zweifellos hat. Einige waren gar der Meinung, der Turm vor ihren Haustüren verschandele den wunderschönen Blick auf den Elbstrom. Gegen das geplante Richtfeuer ging man deshalb vor Gericht, was seinen Bau verzögerte. Rund dreißig Jahre später zeigt sich ein gänzlich anderes Bild: Nun setzen sich einige Bürger für den Erhalt eben dieses Leuchtturms ein. Denn der Abriss ist bereits in voller Planung. Durch die Elbvertiefung wird sich auch die Fahrrinne verändern. Damit die Richtfeuer weiterhin eine sinnvolle Navigationshilfe darstellen, sollen sie nach Süden verschoben werden. Zwei neue Türme sollen die alten ersetzen, deren Schicksal scheint besiegelt. Der Abriss war für 2013 geplant, hat sich aber im Zuge der Verhandlungen über die Elbvertiefung immer wieder verschoben. Momentan ist von einem Zeitpunkt Ende 2014 die Rede. Aber die Blankeneser verstehen es, sich für ihren Stadtteil einzusetzen. Es werden Stimmen laut, den Leuchtturm am Strandweg auch ohne Feuer zu erhalten, ihn vielleicht sogar als Aussichtspunkt der Öffentlichkeit zugänglich zu machen. Wir werden sehen, was daraus wird. Noch kann man mit den Worten eines anderen Hamburger Autors, Peter Rühmkorf, sprechen: »Mach nicht so'n blödes blindes Gesicht. Lass deine Anlagen leuchten!«

7 HESSEPARK (EHEMALS KLÜNDERS PARK)

Vor uns erstreckt sich eine große Wiese, ein Stück weiter steht ein Rondell aus schattenspendenden Bäumen (Abb. 17). Gewiss gehört der Park in sei-

17+18 HESSEPARK UND LANDHAUS KLÜNDER, FEDERZEICHNUNG 1850

ner heutigen Form nicht zu jenen Grünanlagen, die den Besucher durch ihre Besonderheiten locken. Dennoch ergibt sich hier eine schöne Möglichkeit zu einer weiteren Pause nach dem Anstieg durchs Treppenviertel.

1799 erwarb Rütger Heinrich Klünder (1763–1849), Mitarbeiter der Firma Peter Godeffroy und Söhne und später Direktor der Gothaer Versicherungsunternehmungen, Land auf der Blankeneser Höhe. Nach wenigen Jahren reichte sein Anwesen von der heutigen Oesterleystraße im Norden bis zur Straße Am Kiekeberg im Süden. Auf seinem Grundstück ließ Klünder ein Landhaus errichten, der Architekt ist unbekannt. Es handelte sich dabei um ein zweistöckiges Herrenhaus mit Flachdach, das an der höchsten Stelle des Anwesens lag und dessen Blick damals über die Elbe reichte (Abb. 18). Hält man sich beim Betreten des Parks links, so führt ein bogenförmiger Weg direkt darauf zu. Das Haus ist heute leider nicht von allen Seiten aus zu betrachten, da es inzwischen Teil der Bugenhagenschule geworden ist.

Neben dem Landhaus verfügte das Anwesen über eine Ölmühle (bis etwa 1850), die später zum Gästehaus umfunktioniert wurde, sowie über eine Flachsspinnerei und eine Leinenweberei. Diese Betriebe wurden vielen zum Rettungsanker in der Not. Als zur Zeit der französischen Besatzung viele Menschen ihre Arbeit verloren, verschafften Klünder und seine Frau Friederika ihnen durch die Herstellung von Flachs und Leinen einen

19+20 VILLA JAKO UND KLEINE ELBJUNGFRAU IM HESSEPARK

Broterwerb. Aufgrund ihres sozialen Engagements war Friederika Klünder bei der Blankeneser Bevölkerung äußerst beliebt.

Nach dem Tod Klünders wurde der Park in zwei Hälften aufgeteilt, eine westliche und eine östliche. Die östliche Hälfte hatte verschiedene Besitzer, unter anderem seit 1856 Karl Hermann Merck, der mit der Tochter Peter Godeffroys verheiratet war. Er ließ das Landhaus umbauen und verschönerte den Park des Anwesens. 1876 verkaufte Merck seinen Besitz an den heutigen Namensgeber des Parks, Georg Heinrich Hesse (1815–1909). Hesse war Mitinhaber der Privatbank Hesse, Newman & Co. und einer der Begründer der Commerzbank. Seine Frau Elisabeth lebte bis 1926 auf dem Anwesen. Danach wurde der gesamte östliche Teil des ehemaligen Klünders Parks an die Gemeinde Blankenese verkauft und teilweise parzelliert. Der Rest dieses Teils ist heute der öffentlich zugängliche Hessepark.

Die westliche Hälfte des großen Besitzes ging an den China-Kaufmann Hermann Christoph Wilman und wurde so zu Wilmans Park. Nach dem Ersten Weltkrieg wurde dieser westliche Teil des Klünders Parks wiederum geteilt. Ein Teil des Anwesens wurde von der Gemeinde Blankenese gekauft und parzelliert. Hier befindet sich heute die Straße Wilmans Park. Der andere Teil ist in privater Hand. Hier befindet sich seit 1925, vor fremden Blicken gut geschützt, die von dem Hamburger Architekten Walther Baedeker erbaute sogenannte Römische Villa (Wilmans Park 17). Berühmt wurde sie Anfang der 1990er Jahre, als es den gebürtigen Blankeneser Karl Lagerfeld zurück in seine alte Heimat zog, er das Anwesen als privates Wohnhaus erwarb und später in »Villa Jako« (Abb. 19) umbenannte. Bereits 1998 verließ Lagerfeld Blankenese wieder und verkaufte seinen Besitz. Die Villa ist durch hohe Mauern geschützt und somit praktisch nicht einsehbar. Sowohl das Haus als auch das Eingangstor und die umgebenden Wege stehen unter Denkmalschutz.

Wir verlassen nun den Hessepark in Richtung Blankeneser Bahnhofstraße und bleiben hierfür auf dem Hauptweg. Kurz vor dem Ausgang befindet sich linker Hand im Grünen versteckt »die kleine Elbjungfrau« (Abb. 20). Die Marmorskulptur wurde 1926 von dem Bildhauer Arthur Bock (1875–1957) erschaffen. Beim Blick auf die in sich zusammengesunkene Frau wird verständlich, warum die Skulptur auch »die Hockende« genannt wird.

Nach dem Verlassen des Parks treffen wir schnell auf die Blankeneser Bahnhofstraße. Schon von hier aus sehen wir den Turm der Blankeneser Kirche. Wir halten uns links und biegen dann rechts in die Propst-Paulsen-Straße ein. Diese mündet in den Mühlenberger Weg, hier gehen wir ein paar Meter nach links und stehen vor der Kirche.

8 BLANKENESER KIRCHE

Viele Jahre mussten die Blankeneser Bürger den langen, häufig überfüllten Weg in die Kirche Nienstedten machen, um am sonntäglichen Gottesdienst teilnehmen zu können. Angesichts der Beschwernisse des Kirchgangs gelang es Pastor Theodor Paulsen schließlich, Wilhelm von Godeffroy von der Notwendigkeit einer eigenen Kirche in Blankenese zu überzeugen. Godeffroy überließ der Gemeinde ein Grundstück (heute Mühlenberger Weg 64 A), und 1895 konnte der Grundstein für den Kirchbau im neogotischen Stil gelegt werden (Abb. 21). Viele Blankeneser Bürger von Rang und Namen unterstützten den Bau finanziell. So liest sich die Reihe der Stifter an die Kirche wie eine Auflistung der Namensgeber der Blankeneser Parks:

Fräulein Auguste Baur stiftete 75 000 Mark, Frau George Hesse die Orgel, Fräulein Jenisch das Kruzifix und Baron Max von Schinckel die Glocken. Schinckel wollte mit dieser Stiftung wohl einen Teil seiner Familie verewigen, denn er benannte die Glocken nach seinen drei Kindern, deren Namen mit eingegossen wurden: Ernst ist verewigt in der großen Glocke für das volle Geläut vor dem Gottesdienst, Joachim in der mittelgroßen Glocke für das Mittagsgeläut, der Name von Tochter Maria-Elisabeth wurde in die kleine Glocke gegossen, die für den Stundenschlag und das Vaterunser verwendet wird. Alle drei Glocken sind aus festem Gussstahl, ein Umstand, der der Blankeneser Kirche während der beiden Weltkriege zugutekam. Während Glocken aus Bronze häufig zu Rüstungszwecken eingeschmolzen wurden, blieben die stählernen Glocken erhalten.

Am 19. August 1896 wurde die Blankeneser Kirche feierlich eingeweiht. Ein besonderes Geschenk machte zu diesem Anlass die letzte deutsche Kaiserin Auguste Victoria, die Gemahlin Kaiser Wilhelms II. Sie schenkte der Kirche eine silberbeschlagene Altarbibel. Auch ein eigener Begräbnisplatz wurde geschaffen, wenngleich die Blankeneser ihre Bestattungen auch weiterhin auf dem Friedhof Nienstedten, wo ein Teil ihrer Verwandtschaft ruhte, durchführen durften (vgl. Rundgang 3).

Der Zweite Weltkrieg ließ auch die Blankeneser Kirche nicht unbeschadet. 1943 wurden sowohl das Dach als auch die Fenster des Gotteshauses zerstört. Die Schäden konnten repariert werden, und vorübergehend wurde eine Notverglasung eingesetzt. 1958 dann wurde der Entschluss gefasst, neben der Renovierung des Innenraums auch die Fenster neu zu gestalten, wofür der Glasmaler und Bildhauer Siegfried Assmann (*1925) den Auftrag erhielt. Vier der Fenster in einem Halbrund über dem Altar sind farbig gestaltet, die übrigen sind weiß verglast. Blickt man im Innenraum der Kirche nach rechts, sieht man in weißer Verglasung die Berufung der fischenden Jünger durch Jesus. »Danach offenbarte sich Jesus den Jüngern noch einmal. Es war am See von Tiberias«, heißt es im Johannes-Evangelium (Joh. 21,1). Assmann hat diese Offenbarung kurzerhand vom See Tiberias an den Elbstrand verlegt – im Hintergrund ist das Treppenviertel zu erkennen.

Bei allen Neuerungen, die die Kirche erfahren hat, ist ihr doch ein wertvoller Gegenstand erhalten geblieben. Zur Einweihung 1896 überließ die Muttergemeinde in Nienstedten der neuen Nachbargemeinde in Blankenese ihren Taufkessel als Schenkung. Er stammt aus der zweiten Hälfte des 13. Jahrhunderts und ist aus Bronze gefertigt. Der glockenförmige, runde Kessel steht auf drei sechskantigen Beinen mit Klauenfüßen und enthält eine spiegelverkehrte Inschrift, die schon zu manchen Spekulationen führte. Allerdings sollte die Inschrift vermutlich

weder vor den Heiden noch vor Satan verborgen bleiben, vielmehr ist die Spiegelverkehrung eher auf die Unkenntnis des Gießers zurückzuführen (Abb. 22). Bis heute ist der Taufkessel in Gebrauch – und das seit über 750 Jahren.

Wer möchte, schlendert jetzt noch ein wenig durch den belebten Kern Blankeneses. Wer den Heimweg antreten möchte, wendet sich am Ausgang nach rechts und folgt dann der Blankeneser Bahnhofstraße in Richtung S-Bahnhof Blankenese.

22 TAUFKESSEL

BARS / KNEIPEN / NACHTLEBEN

Linde Bar & Restaurant

Dockenhudener Straße 12

www.linde-blankenese.de

→ *abendlicher Treffpunkt der Blankeneser, Fußball-Liveübertragungen, Cocktail-Bar*

Musikkneipe Rudolph

Blankeneser Landstraße 29

www.restaurant-rudolph.de

→ *Live-Musik bei Bier, Wein und Bratkartoffeln*

Riva

Blankeneser Bahnhofstraße 36

www.riva-blankenese.de

→ *Bistro und Bar im Herzen von Blankenese*

CAFÉS / RESTAURANTS

Blankeneser Café

Dockenhudener Straße 30

→ *gemütliches Café im klassischen Stil*

Dal Fabbro

Blankeneser Bahnhofstraße 10

www.dal-fabbro.de

→ *familienbetriebenes italienisches Restaurant, Spezialität: hausgemachte Steinpilzravioli*

Filon Tapasbar

Am Kiekeberg 1 A

www.tapasfilon.de

→ *leckere Tapas vor und nach dem Kino*

Fischclub

Strandweg 30 A

www.restaurant-fischclub.de

→ *Fischgenuss, Auge in Auge mit den Containerschiffen*

Kaffeegarten Schuldt

Süllbergsterrasse 30

www.kaffeegarten-schuldt.de

→ *»Die Tradition wird nicht gebrochen, hier können Familien Kaffee kochen.«*

Kajüte S.B. 12

Strandweg 79

www.kajuetesb12.de

→ *Restaurant direkt am Elbstrand*

La casa del gelato

Blankeneser Bahnhofstraße 46

→ *beliebtes Eiscafé der Blankeneser*

Lühmanns Teestube

Blankeneser Landstraße 29

www.luehmanns-teestube.de

→ *»Cream Tea«, Scones mit Clotted Cream und Marmelade*

Ponton Op'n Bulln

Strandweg 30

pontonopnbulln.kajuetesb12.de

→ *Café und Kneipe auf'm Anleger*

Restaurant Ahrberg
Strandweg 33
www.restaurant-ahrberg.de
→ *Restaurant mit gemütlichem Bieder-meier-Ambiente und Elbblick*

Restaurant Zum Bäcker
Strandweg 65
www.zum-baecker-blankenese.de
→ *ältestes Restaurant in Blankenese – seit 1733*

Sagebiels Fährhaus
Blankeneser Hauptstraße 107
www.sagebiels.com
→ *große Elbterrasse mit weitem Blick über die Elblandschaft*

Schmidt's Eis
Propst-Paulsen-Straße 3
www.eis-schmidt.com
→ *leckere Eissorten mit lustigen Namen*

Seven Seas – Süllberg
Süllbergsterrasse 12
www.suellberg-hamburg.de
→ *Zwei-Sterne-Gourmetrestaurant des Spitzenkochs Karlheinz Hauser*

Tagesbar
Blankeneser Bahnhofstraße 40
→ *Blankeneser Dorftreffpunkt*

Treppenkrämer
Hans-Lange-Straße 23
www.treppenkraemer.de
→ *Café und Tante-Emma-Laden*

LÄDEN

Bäcker Körner
Blankeneser Landstraße 13
www.baeckerei-koerner.de
→ *Traditionsbäckerei mit über 100-jähriger Geschichte*

Blankeneser Fischhus
Propst-Paulsen-Straße 5
www.kuddel-fisch.de
→ *der Fischhändler in Blankenese*

Buchhandlung Heymann
Erik-Blumenfeld-Platz
www.heymann-buecher.de
→ *Blankeneser Ableger des freundlichen, familiengeführten Filialisten*

Buchhandlung Kortes
Elbchaussee 577
www.kortes-buecher.de
→ *Traditionsbuchhandlung seit 1946 – mit schönem Sortiment und kundigen Buchhändlerinnen*

Carroux Kaffeerösterei
Elbchaussee 585
www.carroux-caffee.de
→ *Ladenrösterei mit Café-Bar*

Coco-Mat
Dockenhudener Straße 25
www.coco-mat.com
→ *Matratzen, ausschließlich aus Natur-materialien*

Credenza
Blankeneser Hauptstraße 153
www.credenza-hamburg.de
→ *feine Schreibwaren*

Dilara
Elbchaussee 538–540
www.dilara.de
→ *Inneneinrichtung und Raumgestaltung seit über 125 Jahren an der Elbchaussee*

Ella Schacht Moden & Accessoires
Blankeneser Bahnhofstraße 34
www.ella-schacht-mode.de
→ *Fachgeschäft für Damenmode, große Auswahl an namenhaften Herstellern*

Feinkosthaus Ahrend Blankenese
Blankeneser Landstraße 81
www.feinkost-ahrend.de
→ *feine Delikatessen und Weine, Catering, Mittagstisch und Lieferservice*

Feinkost Kröger
Blankeneser Bahnhofstraße 17
www.mein.edeka.de
→ *Supermarkt-Institution in Blankenese*

Fleischerei Meinert
Elbchaussee 530
www.fleischerei-meinert.de
→ *der Blankeneser Schlachter*

Fruchthaus
Blankeneser Bahnhofstraße 1
→ *freundlicher Grünhöker*

Galerie Harmstorf
Blankeneser Bahnhofstraße 32
www.galerie-harmstorf.de
→ *führende deutsche Galerie für maritime Kunst*

Hansen's Backstube
Blankeneser Bahnhofstraße 1
www.hansen-baeckerei.de
→ *Blankeneser Ableger des Elbvororte-Bäckers*

KeramikMalStübchen
Blankeneser Landstraße 61
www.keramik-selbst-bemalen.de
→ *Becher, Teller, Schalen selbst bemalen in netter Atmosphäre*

Ostindisches Teehaus
Blankeneser Bahnhofstraße 60
→ *Teeladen mit teekundigem Personal*

Piazza – italienische und mediterrane Spezialitäten
Elbchaussee 587
➜ *Antipasti, Wein & mehr*

Pyjama Royal
Blankeneser Bahnhofstraße 4
www.pyjama-royal.de
➜ *feinste Nachtbekleidung und Pantoffeln*

Robert Bernklau
Hasenhöhe 4
➜ *Haushaltswaren und Heimwerkerbedarf mit netter Beratung*

Roya's Presse und Tabakshop
Blankeneser Bahnhofstraße 15
➜ *großes, teils internationales Zeitschriftenangebot*

Rumöller Betten
Elbchaussee 582
www.rumoeller.de
➜ *schöner schlafen seit über 110 Jahren*

No 83 smukke ting
Alte Möbel – Schöne Dinge
Blankeneser Landstraße 83
www.no83.de
➜ *schöner Einrichtungsladen*

Tisch und Trend
Blankeneser Bahnhofstraße 50
www.tischundtrend.de
➜ *hanseatische Tischkultur*

Weinhaus Röhr
Blankeneser Landstraße 29
www.weinhaus-röhr.de
➜ *vor allem deutsche Weißweine und rote Franzosen, regelmäßige Weinproben*

Wochenmarkt Blankenese
Blankeneser Bahnhofstraße
➜ *dienstags, freitags und samstags*

zeitlos Antiquitäten
Blankeneser Landstraße 11
www.zeitlos-antiquitaten.de
➜ *großes Antiquitätensortiment, Fassmalerei und ein kleiner Laden mit alten Spielsachen im Treppenviertel*

HOTELS

Baurs Park Hotel + Restaurant
Elbchaussee 573
www.baurspark.de
→ *modern eingerichtetes Hotel am Ende der Elbchaussee*

Hotel Behrmann
Elbchaussee 528
www.hotel-behrmann.de
→ *zentral gelegenes Drei-Sterne-Hotel*

Strandhotel Blankenese
Strandweg 13
www.strandhotel-blankenese.de
→ *liebevoll restauriertes Hotel im denkmalgeschützten Jugendstilgebäude*

Hotel Süllberg
Süllbergsterrasse 12
www.suellberg-hamburg.de
→ *exklusives Hotel mit »elf Rooms & Suites«*

FREIZEIT / SPORT

Ballettstudio Blankenese
Sagebiels Weg 4
www.tanz-stunde.de
→ *tänzerische Früherziehung ab drei Jahren, Schwerpunkt Ballett für Kinder*

Blankeneser Kino
Blankeneser Bahnhofstraße 4
www.blankenesekino.de
→ *kleines Programmkino*

Blankeneser MTV von 1883 e.V.
Erik-Blumenfeld-Platz 11
www.blankeneser-mtv.de
→ *traditionsreicher Sportverein mit umfangreichem Angebot*

Blankeneser Segel-Club e.V.
Jollenhafen
www.bsc-hamburg.de
→ *einer der größten deutschen Segelclubs mit über 800 Mitgliedern*

Elb-Segler-Vereinigung ESV Verein
Blankeneser Hauptstraße 97
www.elb-segler-vereinigung.de
→ *klassischer Segelverein*

FTSV Komet Blankenese von 1907 e.V.
Schenefelder Landstraße 85
www.komet-blankenese.de
→ *Traditionsverein mit großen Außen-*
anlagen, Spielmannszug und vielseitigem
Angebot

Mühlenberger Segel-Club e.V.
Elbuferweg 135
www.msc-elbe.de
→ *Segelclub am Jollenhafen Mühlenberg in*
Blankenese

Musikschule Karin Klose
Mühlenberger Weg 49
www.musikschule-karin-klose.de
→ *Musikangebot, das sich schwerpunkt-*
mäßig an Kinder richtet

KULTUR

**Janssen Bibliothek im
Goßlerhaus**
Goßlerspark 1
www.janssen-bibliothek.de
→ *zahlreiche Bücher von und über Horst*
Janssen

Theater N.N. Hamburg e.V.
www.theater-nn-hamburg.de
→ *im Sommer Aufführungen im Römischen*
Garten in Blankenese

SOZIALES / NON-PROFIT

Das Goßlerhaus
Goßlerspark 1
www.bucerius-event.de
→ *Tagungs- und Gästehaus der Bucerius*
Law School und der ZEIT-Stiftung Ebelin
und Gerd Bucerius, auch für private Feiern
zu mieten

Treffpunkt Fischerhaus
Elbterrasse 6
www.blankenese.de / Fischerhaus
→ *breites Kursangebot – Computer, Fremd-*
sprachen, Kochen

VON BLANKENESE NACH RISSEN

6

Elsa Brändström Haus ★ Römischer Garten ★ Altonaer Wasserwerk ★ Falkenstein ★ Sven-Simon-Park ★ Sietas-Werft ★ Elbufer Wittenbergen

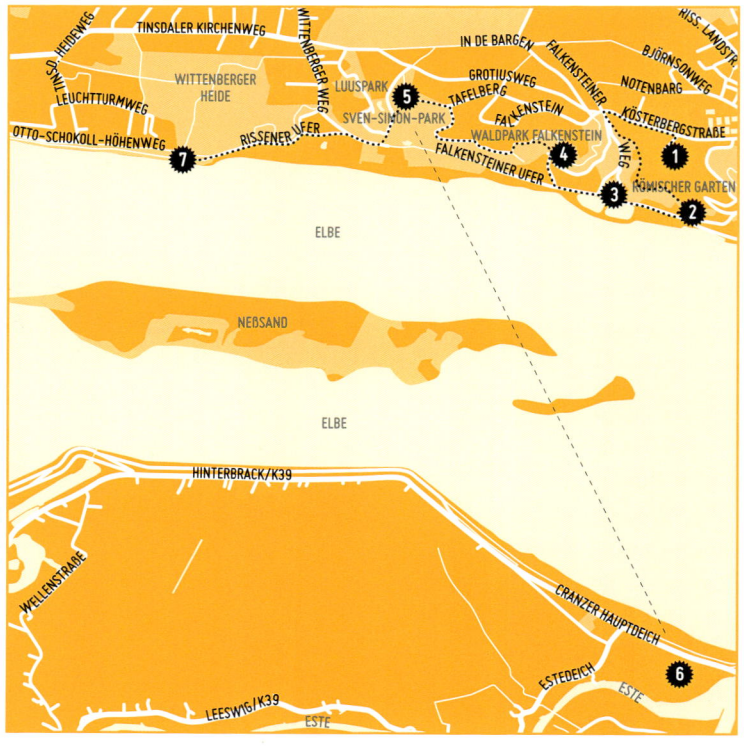

STARTPUNKT: Bushaltestelle Lichtheimweg (Buslinie 286)
ENDPUNKT: Bushaltestelle Tinsdaler Kirchenweg (Buslinie 189)
DAUER: etwa 2 bis 3 Stunden

Dieser Rundgang führt uns von Blankenese nach Rissen. Rissen ist ein Ort mit Geschichte, bereits Mitte des 13. Jahrhunderts wurde er zum ersten Mal urkundlich erwähnt. Viele Jahrhunderte lebten die Bewohner in ihrem kleinen Dorf von der Landwirtschaft. Das änderte sich allmählich mit der Eingemeindung der Elbvororte nach Altona 1927. Nun zogen immer mehr Menschen zu, die städtischen Berufen nachgingen. Nach dem Zweiten Weltkrieg wurden Mietshäuser gebaut, die zwar Platz für viele Menschen boten, das dörfliche Bild Rissens jedoch völlig veränderten. Heute ist von der ländlichen Struktur leider fast nichts mehr zu sehen. Aus diesem Grund führt unsere Tour dorthin, wo Rissen am schönsten ist, nämlich zum Elbstrand Wittenbergen. Auf dem Weg machen wir Station an zwei eindrucksvollen Orten auf dem Anwesen der Bankiersfamilie Warburg und spazieren auf dem Elbhöhenweg mitten durch den Falkenstein. Der Weg ist sehr abwechslungsreich und führt uns auf und ab durch den Wald  sowie am Ufer entlang. Dabei verlieren wir die Elbe so gut wie nie aus dem Blick. Wer sich Zeit lassen und die schöne Natur in aller Ruhe genießen möchte, plant für diesen Rundgang einen halben Tag ein, er ist jedoch auch in zwei bis drei Stunden abzulaufen.

Der Rundgang startet an der Bushaltestelle Lichtheimweg der Linie 286, zu erreichen in fünf Fahrminuten vom S-Bahnhof Blankenese aus.

1 ELSA BRÄNDSTRÖM HAUS / JÜDISCHES KINDERHEIM BLANKENESE

An der Bushaltestelle Lichtheimweg gehen wir einige Meter entgegen der Fahrtrichtung bis zur Kösterbergstraße 62. Ein Hinweisschild führt zum Elsa Brändström Haus. Auf dem kleinen Weg bleiben wir noch einmal stehen und wenden uns nach links, wo wir hinter Rhododendronbüschen ein

1 LANDHAUS »ARCHE NOAH«

Landhaus sehen (Kösterbergstraße 60).

Das Gelände, auf dem wir uns hier bewegen, war 1794 von dem Hamburger Auktionator Hinrich Jürgen Köster (1748–1805) erworben worden, woher der Name Kösterberg rührt. Wenig später ließ er auf seinem Anwesen ein Landhaus errichten, das später aufgrund seiner Form »Arche Noah« genannt wurde (Abb. 1). Wie ein gestrandetes Schiff liegt das Haus weit über der Elbe. Das Anwesen erlebte viele Besitzerwechsel, zeitweilig war im Landhaus auch eine Gastwirtschaft eingerichtet. 1855 erwarb der Altonaer Kaufmann Johann Carl Semper den Kösterberg und ließ ihn in einen Park umgestalten. 1897 schließlich kaufte der Hamburger Bankier Moritz Warburg das Anwesen. Er wollte hier einen Sommersitz für seine in Deutschland, England und den USA verstreute Familie schaffen. In den Sommermonaten sollten alle Warburgs Gelegenheit haben, in Blankenese Zeit miteinander zu verbringen. Das Haus befindet sich heute in Privatbesitz.

Zwei weitere Gebäude wurden auf dem Anwesen errichtet: das »Rote Haus« und das »Weiße Haus«. Letzteres erreichen wir am Ende des Wegs, heute befindet sich darin das Elsa Brändström Haus (Abb. 2). Es wurde von Martin Haller (1835–1925) erbaut, dem Architekten des Hamburger Rathauses. Nach dem Tod Moritz Warburgs 1910 ging das Anwesen an seine Söhne Fritz und Max sowie seinen Enkel Eric über. Die Familie erweiterte es bis hinunter zum Elbufer und ließ herrliche Gartenanlagen und Aussichtspunkte anlegen. Doch mit der Machtergreifung der Nationalsozialisten nahm das Schicksal der jüdischen Bankiersfamilie eine tragische Wendung. Sowohl geschäftlich als auch privat wurde die Familie nun zunehmend drangsaliert, was die Warburgs 1938 zur Emigration bewog. Ein Teil der Familie sollte nie wieder auf den Kösterberg zurückkehren.

2 ELSA BRÄNDSTRÖM HAUS

Max Warburgs Sohn Eric hatte als Emigrant die amerikanische Staatsbürgerschaft angenommen und während des Zweiten Weltkriegs in der US-Armee gedient. Obgleich er seinen Wohnsitz erst 1956 endgültig wieder nach Deutschland verlegte, zog es ihn gleich nach Kriegsende auf das Anwesen seiner Familie zurück. Das Bild, das sich ihm bei seiner Rückkehr bot, war allerdings ernüchternd. Während der Kriegsjahre hatten sich hier ein Reservelazarett und eine Klinik für Kieferchirurgie angesiedelt. Außerdem waren Baracken in den Garten gesetzt worden.

Eric beschloss, den Kösterberg sinnvoll zu nutzen. Gemeinsam mit einer jüdischen Hilfsorganisation, dem American Joint Distribution Committee (Joint), wurde der Plan gefasst, jüdische Waisenkinder, deren Eltern im Holocaust ums Leben gekommen waren, auf dem Warburg'schen Anwesen unterzubringen. Damit war das »Warburg Children Health Home« geboren (Abb. 3). Das jüdische Kinderheim Blankenese ist ein ganz besonderes Stück Hamburger Nachkriegsgeschichte. Drei Kindergruppen erreichten das Gelände zwischen 1946 und 1948. Die Kinder und Jugendlichen waren alle über das ehemalige Konzentrationslager Bergen-Belsen, das nach Kriegsende zum sogenannten Displaced-Persons-Camp wurde, nach Blankenese gekommen. Auch dort hatte es ein Kinderheim gegeben, aber man wollte den Überlebenden die Lageratmosphäre ersparen,

3 EINGANGSSCHILD DES KINDERHEIMS

und Blankenese erschien ein denkbar guter Ort dafür.

Die Kinder und Jugendlichen bewohnten alle drei Häuser auf dem Gelände, und der gesamte umliegende Park stand ihnen zur Verfügung. Als Erwachsene beschrieben sie rückblickend ihre Zeit im Heim in Blankenese als paradiesisch. Das wundert nicht weiter, bedenkt man, dass die Kinder nach einer langen Zeit des Schreckens, der Verfolgung und der Trauer zum ersten Mal wieder eine Art Zuhause gefunden hatten. Aber natürlich wird auch die Besonderheit des Orts die Erinnerungen der Kinder geprägt haben.

Betreut wurden die Kinder von Mitarbeitern des Joint und von Soldaten der Jewish Brigade. Die Jewish Brigade war eine Einheit von Soldaten, die sich im Krieg von Palästina aus zur britischen Armee gemeldet hatte. Die Kinder von Blankenese hatten einen engen Bezug zu ihren Betreuern und zum ersten Mal wieder eine familienähnliche Bindung. Im Kinderheim wurden die jüdischen Feste gefeiert, und die Schützlinge erhielten Unterricht.

Besonders wichtig waren hierbei der Hebräisch-Unterricht und die Palästinakunde, die von der Jewish Brigade gelehrt wurde. Denn von Anfang an bestand das Ziel, die Kinder kollektiv nach Palästina – der Staat Israel wurde erst 1948 gegründet – übersiedeln zu lassen. Die Kinder verließen das Heim nach mehreren Monaten Aufenthalt wiederum in Gruppen, die von Betreuern begleitet wurden. In Palästina wurden sie anschließend auf verschiedene Kibbuzim verteilt, und ein ganz neues Leben in einem fernen, fremden Land begann für sie.

1948 endet die Geschichte des Kinderheims als Übergangslager für jüdische Waisen, die meisten jüdischen Kinder waren bereits außer Landes, und jüdische Hilfsorganisationen beendeten allmählich ihre Arbeit auf deutschem Boden. Außerdem konnte mit der Gründung des Staates Israel im Mai 1948 jeder Jude problemlos in das Land einwandern und israelischer Staatsbürger werden. Einige der ehemaligen Heimkinder von Blankenese haben den Kösterberg 2005 auf Einladung des »Vereines zur Erforschung der Geschichte der Juden in Blankenese« und der »Deutsch-Israelischen Gesellschaft« für einige Tage besucht.

Das »Weiße Haus« schenkten die Warburgs nach Auflösung des Heims dem Deutschen Roten Kreuz. 1950 wurde hier das »Elsa Brändström Haus im DRK e.V.« eingerichtet. Elsa Brändström (1888–1948, Abb. 4) war eine schwedische Rotkreuzschwester, die sich im Ersten Weltkrieg um deutsche Kriegsgefangene kümmerte und aufgrund ihrer Wohltätigkeit den Beinamen »Engel von Sibirien« erhielt. Viele Jahre bestand hier ein Mutter-Kind-Erholungsheim. Seit 1964 können junge Menschen in der Einrichtung ein Freiwilliges Soziales Jahr machen. Seit über vierzig Jahren befindet sich hier eine internationale Bildungs- und Tagungsstätte – als solche ist das Haus

4 ELSA BRÄNDSTRÖM, 1922

öffentlich zugänglich. Die beiden weiteren Häuser sind im Privatbesitz der Familie Warburg. Weite Teile der Parkanlage können heute von jedermann genutzt werden. Einer dieser Teile ist der Römische Garten, zu dem wir uns gleich auf einen etwa zwanzigminütigen Fußweg machen.

Wir gehen zunächst zurück auf die Kösterbergstraße und folgen ihr linker Hand bis ans Ende, wo wir links an einer Bushaltestelle auf den Falkensteiner Weg treffen. Wir gehen diesen ein Stück entlang, bei einem Laternenmast halten wir uns links und treffen auf den Elbhöhenweg, der uns durch eine wunderschöne Landschaft direkt in den Römischen Garten führt.

2 RÖMISCHER GARTEN

Wir erreichen den Römischen Garten von seiner westlichen Seite her. Ein erster Blick genügt, um den großen Kontrast zur Umgebung des Gartens zu bemerken. Während wir gerade noch über schmale Wege durch waldiges Gebiet gelaufen sind, befinden wir uns jetzt in einem aufwendig gestalteten Garten im Stile der italienischen Renaissance – und das am Geesthang von Blankenese. Durch unseren Marsch vom Elsa Brändström Haus zum Römischen Garten bekommen wir eine Ahnung davon, wie umfangreich der Warburg'sche Besitz einst gewesen ist. Es lohnt an dieser Stelle, sich ein wenig Zeit zum Schauen zu nehmen. Aus ganz unterschiedlichen Perspektiven kann der Betrachter den Elbblick von der dreißig Meter über dem Fluss liegenden Gartenanlage genießen.

Gleich rechter Hand liegt das Naturtheater (Abb. 5). Mit seiner kreisförmig angelegten Arena und den stufenweise ansteigenden zusammenhängenden Sitzrängen erinnert es an die Amphitheater der Antike. Von ihrem Platz aus haben die Zuschauer zugleich einen Blick auf die Landschaft, und der Wind trägt die Stimmen der Schauspieler zu ihnen herüber. Das Freilichttheater im Römischen Garten ist vollständig begrünt, rund zweihundert Menschen finden auf den Rängen Platz. Derzeit finden in den Sommermonaten Aufführungen des Theaters N.N. statt. Theaterfreunde können Decke und Picknickkorb mitbringen, um den Vorführungen in freier Natur beizuwohnen.

Zur Elbseite hin fällt die Girlandenhecke ins Auge. Sie wurde auf der eingeebneten Fläche, der sogenannten Römischen Terrasse, gepflanzt. Diese Terrasse ließ bereits 1876/77 der vormalige Besitzer des Geländes unterhalb des Kösterbergs, Ludwig Anton Julius Richter, aufschütten. Gemeinsam mit seiner Familie unternahm Richter häufig Italienreisen. Durch diese inspiriert, ließ er einen Teil seines Gartens im italienischen Stil anlegen. Bei der Girlandenhecke handelt es sich um eine immergrüne Thuja-Hecke, die bereits Richter zu spitzen Säulen stutzen ließ. So erin-

5+6 NATURTHEATER UND SEEROSENBECKEN IM RÖMISCHEN GARTEN

nern die einzelnen Säulen der Hecke an die Zypressenbäume italienischer
Landschaften. Die Freiräume zwischen dem Grün wirken wie Fenster. Spaziert man an der Hecke entlang, wird der Blick auf die Elbe abwechselnd
freigegeben und verdeckt. Je nach Lichteinfall ergeben sich langgezogene,
spitze Schatten.

Senkrecht zur Elbe angelegt, befindet sich in der östlichen Hälfte des
Gartens ein Seerosenbecken (Abb. 6). Gegenüber führen einige wenige
Treppenstufen zu einem erhöhten Sitz mit einer Bank. Über das Becken
hinweg ergibt sich ein weiter Blick in die Landschaft.

Abgesehen von der Römischen Terrasse geht die umfangreiche Gestaltung des Gartens auf die Familie Warburg zurück. Nach dem Tode Richters 1909 erwarb Max Warburg diesen Teil des Anwesens und vergrößerte
damit den Besitz, den sein Vater Moritz 1897 gekauft hatte. Von der Kösterbergstraße im Norden erstreckte sich das Grundstück nun fast bis hinunter zum Elbufer. Eigens für die Ausgestaltung des Gartens stellte Max 1913
die aus Würzburg stammende Else Hoffa als Obergärtnerin ein. Sie hatte
ihr Handwerk in der Königlichen Gärtnerlehranstalt in Berlin-Dahlem ge-
lernt und machte sich nun mit großem Engagement und Fachwissen ans
Werk. Neben der Erweiterung der Terrasse ließ sie den Geesthang an seiner
Steigung abtragen und in Richtung Elbe wieder aufschütten. Auf diese
Weise hatte sie Platz für ein weiteres Gartenzimmer, den Rosengarten, ge-

schaffen. Von diesem Rosengarten ist heute leider nichts mehr zu sehen, er wurde in den 1950er Jahren gerodet. Von Buchsbäumen umgeben, bestand er aus geometrischen Rosenbeeten im Stile italienischer Renaissance-Gärten. Auch das 1924 eingeweihte Naturtheater entstand unter Else Hoffas fachkundiger Hand. Außerdem ließ sie Kinderplastiken anfertigen, die den Garten zierten. Die Warburgs ließen ihrer Gärtnerin völlig freie Hand, ganz nach ihren Plänen konnte sie Sträucher, Blumen und Bäume in den umliegenden Gärtnereien und Baumschulen erwerben.

Der Garten, den sie gern mit der Familie und ihren Gästen aufsuchten, diente den Warburgs als Ort privater Feierlichkeiten und Theateraufführungen. Das änderte sich mit der Machtergreifung der Nationalsozialisten. Nachdem Max und Alice 1938 in die USA emigrierten, sollten sie die Anlage im heimischen Hamburg nie wiedersehen. Nach 25 Jahren im Dienst der Familie verließ auch Else Hoffa den Kösterberg und zog nach England, wo sie weiterhin erfolgreich als Gärtnerin arbeitete.

1939 fiel das gesamte Anwesen in den Besitz der Stadt Hamburg und wurde erst 1948 wieder an seine rechtmäßigen Eigentümer zurückgegeben. 1951 machten die Warburgs den Römischen Garten der Stadt Hamburg zum Geschenk. Damit verbunden waren verschiedene Auflagen wie die Herrichtung des im Krieg stark beschädigten Gartens sowie dessen weitere Pflege. Des Weiteren sollten im Naturtheater regelmäßig Schüleraufführungen stattfinden. Die bestehenden Wege, die unmittelbar vom Garten zu den Villen der Warburgs führten, wurden kurzerhand gekappt, und der Römische Garten war nun eine öffentlich zugängliche Anlage. Das Areal wurde stark vereinfacht wieder instandgesetzt, die Girlandenhecke gerodet und neu gepflanzt, der Rosengarten wurde aufgelöst und der Eingang zum Garten von dort weiter in Richtung Terrasse verlegt. Der parallel zur Elbe verlaufende Weg wurde zu einem breiten Hauptweg vergrößert, der zuvor als solcher nicht bestanden hatte.

1953 schließlich weihte Max Brauer den Römischen Garten als neue öffentliche Grünanlage der Stadt Hamburg ein, wodurch ein durchgehender Elbhöhenweg bis Wittenbergen entstand. In den 1960er und 1970er Jahren

7 WASSERWERK AUF DEM BAURSBERG, 1921

verwahrloste der Garten zunehmend, es mangelte an öffentlichem Interesse und an Pflege der Anlage. Erst in den 1980er Jahren wurden Stimmen aus der Bevölkerung laut, die sich für den Garten einsetzten. Dies mündete 1991 in die Einsetzung eines Parkpflegewerks, das bis heute Bestand hat. Wichtige Details wie die Plastiken oder der Rosengarten lassen allerdings nach wie vor auf sich warten. Dennoch ist der Römische Garten ein für Hamburg einzigartiges Gartendenkmal, das einen Besuch allemal wert ist.

Wir verlassen nun den Römischen Garten über seinen westlichen Ausgang und halten uns linker Hand Richtung Elbufer. Unten angekommen gehen wir wenige Meter elbabwärts. Bald sehen wir auf der rechten Seite ein Backsteingebäude, das ehemalige Altonaer Wasserwerk.

 **3 ALTONAER WASSERWERK**

Das Altonaer Wasserwerk ist ein großer Backsteinbau, der sich aus mehreren Gebäuden zusammensetzt. Richtiger wäre es, vom Pumpwerk des Wasserwerks zu sprechen, das sich auf dem neunzig Meter hohen Baursberg befindet. Bei den Gebäuden, die wir heute noch sehen können, handelt es sich um zwei Maschinenhäuser und ein Kesselhaus.

Das Wasserwerk wurde 1859 in Betrieb genommen. Die Firma York & Co. hatte es unter der Planung des englischen Ingenieurs William Lindley (1808–1900) erbaut, der auch die Wasserversorgung für die ganze Stadt Hamburg entworfen hatte. Das Wasser wurde von hier aus der Elbe gesaugt und über Rohre auf den Baursberg transportiert, wo es durch Sandfilter gereinigt und im Anschluss bergab nach Altona befördert wurde (Abb. 7). Und genau diese Sandfilter sollten sich als lebensnotwendig erweisen. Im benachbarten Hamburg wurde ihr Fehlen für über 8000 Menschen nämlich zum Verhängnis: Eine Cholera-Epidemie wütete 1892 in der Stadt. Altona hingegen blieb von den gefährlichen Keimen im Trinkwasser verschont, denn es verfügte über die zur damaligen Zeit beste Wasserversorgungsanlage Deutschlands. 1896 nahm man zusätzlich zwei Absetzbecken in Betrieb, um eine Vorklärung zu schaffen, bevor das Wasser zur Filteranlage auf dem Baursberg gelangte. Die beiden Becken sind bis heute schräg gegenüber dem Wasserwerk sichtbar.

1960 wurde die Trinkwasserversorgung von Elbwasser auf Grundwasser umgestellt. Die Pumpstation und die Absetzbecken verloren dadurch ihren ursprünglichen Zweck. Es gibt nun elektrische Pumpen, die das Wasser aus der Tiefe holen und hinauf auf den Baursberg befördern. Zunächst nahmen die Absetzbecken Spülwasser vom Baursberg auf, 2010 schließlich wurden sie naturnah umgestaltet. Das Ostbecken wurde zur Elbe hin geöffnet, durch die Tide ist es nun eine Wasserwechselzone, die vor allem für Jungfische einen günstigen Lebensraum bietet. Das Westbecken blieb geschlossen. Es dient nun als Laichgebiet für Kröten, Molche und Frösche.

In den Gebäuden des Wasserwerkes selbst befindet sich heute die Trafostation für die Stromversorgung der Grundwasserbrunnen. Das westliche Maschinenhaus wurde zum Wohnhaus umfunktioniert.

Von hier aus gehen wir weiter in Richtung Westen am Falkensteiner Ufer entlang, bis rechter Hand die Falkenschlucht steil hinaufführt.

4 FALKENSTEIN

Nun müssen wir ein steiles Stück Weg bergan gehen, um den Falkenstein zu erklimmen. Oben angekommen halten wir uns links, und uns erwartet ein schöner Spaziergang durch den Wald. Immer wieder tauchen dabei wunderbare Panoramen auf, und man wähnt sich fernab der Stadt mitten in der Natur. Zumindest umrisshaft sind immer wieder Villen und Zäune zu entdecken, die auf Privatanwesen schließen lassen. Der Falkenstein ist inzwischen ein so ruhiges wie nobles Villenviertel (Abb. 8).

Die verstärkte Besiedlung des Falkensteins begann in den 1880er Jahren, als die Bahnlinie Hamburg–Altona ihre Fahrtroute bis nach Wedel erweiterte. Damit war eine günstige Verkehrsanbindung geschaffen, und das Leben in diesem grünen Gebiet an der Elbe wurde zunehmend attraktiv, was zuvor keineswegs der Fall gewesen war. Bis in die Mitte des 19.

9+10 SVEN-SIMON-PARK UND VILLA STUCKEN

Jahrhunderts trug das Gelände den Namen Butterberg, und die Landschaft dort oben war mehr karg als grün. Den heute außerordentlich prächtigen Baumbestand haben wir Johann Cäsar Godeffroy VI. (vgl. Rundgang 3) zu verdanken. Nachdem er das Gebiet erworben hatte, begann er umgehend mit dessen Aufforstung. Godeffroy war Reeder und Werftbesitzer, doch erschloss er sein privates Land mit der gleichen Energie wie seine überseeischen Besitzungen. Auf seinem Anwesen ließ er Fichten, Tannen und Kiefern pflanzen und schuf sich auf diese Weise ein eigenes Jagdrevier. Da das Wappentier der Familie bereits seit dem 16. Jahrhundert der Falke war, lag es nahe, das Gelände Falkenstein zu nennen.

Der Erfolg der Firma Joh. Ces. Godeffroy & Sohn hielt jedoch nicht ewig an, in den 1870er Jahren brach das Firmenimperium zusammen. Es kam nun zur Parzellierung des Falkensteins, der Besitz wurde nach und nach verkauft. Einen großen Teil des Geländes erwarben 1887 die Brüder Georg Friedrich (Fritz) und Carl Wilhelm Stucken. Gemeinsam mit ihrem Partner Carl Andresen besaßen sie eine überaus erfolgreiche Firma für den Kaffeeimport. An Fritz Stucken erinnert heute noch die Villa Stucken oberhalb des Sven-Simon-Parks.

Die Firma Stucken und Andresen beließ es allerdings nicht beim Kaffeegeschäft, sie nutzte den Bauboom der Zeit und hob mehrere Kiesgruben aus. Es gab sogar eine Seilbahn, die das Baumaterial vom Falkenstein hinunter zum Elbufer transportierte, wo es dann auf Schiffen nach Altona und Hamburg befördert wurde. Doch auch diese Firmengeschichte hatte ein Ende, die Söhne Fritz Stuckens konnten das Imperium nicht halten. Es folgten Verkauf und Parzellierungen, die den Falkenstein zu jener Wohngegend machten, die er heute ist. Bereits um die Jahrhundertwende war der Falkenstein dann ein beliebtes Ausflugs- und Wanderziel, und bis heute hat er von seinem Reiz nichts eingebüßt.

Wir folgen nun dem Höhenweg. Wo zwei Treppen die Wahl zwischen Auf- und Abstieg lassen, gehen wir hinauf und halten uns weiter links. Einige Meter weiter führt rechter Hand neben einer Bank eine weitere Treppe bergan. Oben angekommen führt der Weg nach links direkt in den Sven-Simon-Park.

5 SVEN-SIMON-PARK

Der Sven-Simon-Park auf dem Falkenstein ist ein grünes Idyll. Namensgeber des Parks ist der Sportfotograf Sven Simon, der durch seine Bilder international bekannt wurde. Vor allem mit der Aufnahme Uwe Seelers im Londoner Wembley-Stadion nach der Niederlage Deutschlands beim WM-Finale 1966 hat er der Nachwelt ein unvergessliches Bild geschenkt. Doch die Person, die hinter dem Pseudonym Sven Simon steckte, war vielfältig tätig. Sein bürgerlicher Name war Axel Springer junior, er war der Sohn des Verlegers Axel Springer (Abb. 11). Springer junior trat als Chefredakteur der Welt am Sonntag neben seiner fotografischen Tätigkeit auch in die Fußstapfen seines Vaters. Am 3. Januar 1980 nahm sein Leben ein tragisches Ende. Er erschoss sich mit gerade mal 38 Jahren. Sein Vater verewigte den selbstgewählten Namen seines Sohnes, indem er den Park nach ihm benannte, der einst der Privatgarten der Familie Springer war (Abb. 9). In den 1950er Jahren hatte der Verleger den Hamburger Gartenarchitekten Gustav Lüttge damit be-

11 AXEL SPRINGER JUNIOR UND SENIOR

auftragt, sein Anwesen in einen Landschaftspark umzugestalten. Heute erinnert eine Metalltafel mit den Worten »Und durch dieses redet er noch, wiewohl er gestorben ist« an den verstorbenen Sohn.

Sogleich beim Betreten des Parks wird erhöht eine weiße Villa sichtbar. Es handelt sich um die 1907 von dem Architekten Paul Dorn erbaute Villa Stucken (Abb. 10). Bauherr war der Kaufmann Fritz Stucken. Nach einem Besitzerwechsel kaufte Axel Springer das Haus. 1984 wurde die herrschaftliche Villa von ihrer neuen Besitzerin Galathea Bisterfeld von Meer in »Claremont-Haus« umbenannt, zehn Jahre später ließ sie es in Eigentumswohnungen umbauen, in bester Lage und mit Elbblick.

ELBBLICK

Wer liebt ihn nicht, den Elbblick. In Hamburg bietet er die verschiedensten Perspektiven und Ansichten: Mal schaut der Betrachter auf Industriestandorte, mal weit ins Alte Land, er sieht Segler und Containerriesen, und so manch einer kann sich an dem Anblick gar nicht sattsehen. Glücklich sind jene, die nicht erst herkommen müssen, um diesen Blick zu erhaschen, sondern einfach durchs Wohnzimmerfenster hinaus auf den Fluss sehen. In den Elbvororten kommt zum Elbblick das Wohnen in einem ruhigen, grünen Umfeld hinzu, und deshalb ist er hier wohl ganz besonders teuer, für die meisten unbezahlbar. Der Kaufpreis einer Villa oder auch nur eines Appartements liegt schnell in Millionenhöhe. Um eine Immobilie mit dem speziellen Blick anzupreisen, genügt manchmal schon ein kleines Fenster, von dem aus der Bewohner ein noch kleineres Stück des Stromes sehen kann. Auch das ist »Elbblick«.

Keinen Elbblick hat hingegen, wer zwar eine Villa in der elbnahen Elbchaussee besitzt, aber auf der falschen, der »trockenen« Seite wohnt. Auch jahreszeitliche Unterscheidungen gilt es zu beachten. So hat manche Immobilie lediglich den »Winterelbblick« – aus dem Blick aufs weite Blau wird im Sommer ein Blick ins dichte Grün.

Einst sollten die Fenster in den Elbvororten neben der Belichtung der Häuser vor allem eines bewirken: Sie sollten den Wind ab- und das Haus möglichst warmhalten. Deshalb wählte man kleine Fenster. So manchem Fischer war das Elbpanorama, das er vermutlich ohnehin den größten Teil des Tages bei der Arbeit hatte, reichlich egal. Heute hingegen werden überdimensionale Glasscheiben eingesetzt, um den Strom beim Frühstück in seiner ganzen Weite überblicken zu können.

Begehrt ist der schöne Blick nicht nur bei potenziellen Käufern und Mietern eines Eigenheimes, sondern natürlich auch bei den Verkäufern und Maklern. Ein Grundstück mit Elbblick kann den Kauf- oder Mietpreis gut und gerne verdoppeln. Der Wunsch nach einem freien Blick auf die Elbe nimmt allerdings fragwürdige Formen an, wenn sich der Mensch zugunsten der Aussicht auf die Natur an der Natur selbst vergreift. Immer wieder kam und kommt es auf elbnahen Grundstücken zu Baumfreveln. Nicht nur von in den Stamm eingeschlagenen Nägeln und verteilten Giftstoffen wird berichtet, sondern es wurden mitunter auch Bäume entlang des Elbufers angesägt oder gleich ganz gefällt. Droht ein Baum umzustürzen, ist die Stadt verpflichtet, die Gefahr komplett zu beseitigen. So entsteht unter Umständen eine Sichtachse, die den Blick auf den Fluss erheblich verbreitert.

Fast berühmt in Sachen Baumfrevel wurde in den letzten Jahren der Sven-Simon-Park. Die ehemalige Villa Stucken, in der viele Jahre lang der Verleger Axel Springer gewohnt hatte, wurde in mehrere Luxusappartements umgewandelt. Die Bäume in der Nähe des Grundstücks hinterließen zu bemerkenswert ähnlicher Zeit nur noch ihre traurigen Stümpfe.

Auch in Donners Park ist es immer wieder zu Baumfrevel gekommen – und das, obwohl der Park weitläufig einsehbar ist. Am Ende steht häufig nur die Anzeige gegen unbekannt und das Nachpflanzen der toten Bäume. In öffentlichen Parks ist der Baumbestand Eigentum der Stadt, auf ertappte Frevler warten hohe Bußgelder wegen Sachbeschädigung.

Einige Bewohner Blankeneses besitzen einen sehr wertvollen Kaufvertrag. Es handelt sich um jene, deren Elbblick mit ins Grundbuch eingetragen ist. Ihnen ist das Fällen der Bäume auf ihrem Grundstück jederzeit erlaubt, denn laut Vertrag ist ihnen dieser Blick garantiert. Allen anderen bleibt immer noch die Möglichkeit des Elbblicks auf Zeit. Wen stört es schon, für den Anblick dieses Flusses ein Stück hinauszufahren? Oder man besteigt gleich die Fähre und ist mitten im Strom.

Ein echtes Juwel ist auf der südlichen Seite des Parks zu finden: das 1923 erbaute Haus Michaelsen (Grotiusweg 79, Abb. 12) des Architekten Karl Schneider (1892–1945). Das Haus ist in den Geesthang gebaut und passt sich der umliegenden Natur durch seine Formen und seine Ausrichtung gen Elbe an. Die Fassade des Hauses ist weiß geschlämmt, es überzeugt durch seine Schlichtheit und seine klaren, teils kubischen Formen. In der Mitte des Gebäudes steht ein Turm, der weite Ausblicke erlaubt und an den das Haus mit einer großzügigen Terrasse anschließt. Das Haus Michaelsen ist eines der wertvollsten Zeugnisse des Neuen Bauens in Hamburg. Karl Schneider hat damit noch vor der großen Zeit des Bauhauses ein herausragendes Denkmal der modernen Baukunst geschaffen. Die Bauherrin war Elise, genannt »Ite« Michaelsen. Sie war die Ehefrau von Hermann Michaelsen, dem Inhaber einer Eisen- und Stahlgießerei in Altona. Mit Karl Schneider war sie persönlich gut bekannt, bevor sie den Bau eines Landhauses beauftragte. Zweifelsohne war dieses Landhaus für die damalige Zeit eine unerhörte Neuheit. Auch bei den Hamburger Architekten jener Zeit war der unkonventionelle Entwurf nicht unumstritten. Die Blankeneser Gemeindeverwaltung, der das Baugesuch für das Haus Michaelsen vorgelegt wurde, war sich ebenfalls unsicher, ob sie den Bau eines solchen Landhauses zulassen konnte. Sie engagierte den renommierten

12 HAUS MICHAELSEN

Architekten Erich Elingius als Gutachter, der Mitglied der Hamburger
Baupflegekommission war. Glücklicherweise hielt dieser den Entwurf für
eine künstlerische Leistung, sodass dem Bauvorhaben nichts mehr im
Wege stand.

Vor seiner selbständigen Tätigkeit seit 1921 in Hamburg hatte Schneider
schon in namhaften Büros gearbeitet, unter anderem bei Walter Gropius,
Peter Behrens und Fritz Höger. Durch seine Freundschaft mit Ite Michaelsen war er häufiger Gast in dem von ihm geschaffenen Landhaus. 1930
wurde er als Professor an die Landeskunstschule berufen, die er jedoch
schon drei Jahre später wieder verlassen musste. In der Zeit des Nationalsozialismus war er als SPD-Mitglied nicht nur aufgrund seiner politischen
Einstellung unerwünscht, sondern auch in künstlerischer Hinsicht. Der
Stil des Neuen Bauens hatte in der nationalsozialistischen Architekturauffassung keinen Platz. 1938 emigrierte Schneider in die USA. Zunächst

arbeitete er als Designer, dann in einem Architekturbüro in Chicago, an seine Karriere in Deutschland konnte er jedoch nie wieder anknüpfen.

So unbeständig wie der Lebensweg seines Erbauers war auch das Schicksal des Hauses Michaelsen. Zwischen 1927 und 1955 wohnten verschiedene Besitzer im Grotiusweg, 1955 schließlich kaufte Axel Springer das Gebäude. Er ging mit dem Landhaus allerdings alles andere als sorgsam um, die meiste Zeit blieb es unbewohnt. In den 1970er Jahren stellte Springer zwei Abrissanträge, einen für das Dach des Gebäudes und zuvor einen für das ganze Haus. Beide Anträge wurden genehmigt, und man kann von Glück reden, dass Springer seine Absicht nicht umgesetzt hat. In den Folgejahren verrottete das Haus immer mehr und glich zunehmend einer Bauruine. Dann wurde Kritik aus der Bevölkerung laut, die Hamburger Kulturbehörde schaltete sich ein und trat mit dem Eigentümer in Kontakt. Dieser machte der Stadt Hamburg 1980/81 sowohl das Haus als auch den umliegenden Park kurzerhand zum Geschenk. Der Park sollte unter dem Namen »Sven-Simon-Park« ab sofort der Öffentlichkeit zugänglich sein. Zu diesem Zeitpunkt war das Haus vollkommen zugewuchert, die Fenster waren vernagelt und die Bausubstanz schien fragwürdig. Aufgrund der hohen Summe, die eine Renovierung kosten würde, zögerte die Stadt allerdings, die erforderlichen Maßnahmen zu ergreifen. Schließlich nahm sich die Galeristin Elke Dröscher mit großem Engagement des Hauses Michaelsen an. Sie ließ das Gebäude komplett sanieren und, soweit dies möglich war, in seinen ursprünglichen Zustand zurückversetzen. Heute befindet sich hier ihre umfangreiche Puppensammlung, das Puppenmuseum Falkenstein.

 PRESSE IN BLANKENESE

Dass Blankenese Künstler und Dichter wie Hans Leip durch seine Schönheit inspiriert hat, ist bekannt und wenig verwunderlich. Aber auch einen ganz anderen Teil der schreibenden Zunft scheint der Ort angezogen zu haben: die Zeitungsschaffenden.

Der Verleger Axel Springer (1912–1985) verbrachte viele Jahre seines Lebens am Falkenstein. Gemeinsam mit seiner Familie bewohnte er eine prachtvolle Villa mit umliegendem Park in der Nähe des Hauses Michaelsen. Springer, der sein Zeitungsimperium mit der Hörzu begründete, wurde längst nicht in allen Kreisen als großer Verleger gefeiert. Vor allem der studentischen Opposition der späten 1960er Jahre war er durch seine Publizistik zum Feindbild geworden. In einen ähnlichen Zeitraum fällt auch der Erfolg eines Magazins, das sich am entgegengesetzten politischen Ende angesiedelt hatte: »konkret«. Die »konkret« verdankte ihr Erscheinen zunächst den Zahlungen aus der DDR. Nachdem diese 1964 eingestellt wurden, musste eine schnelle Lösung her, um das Blatt vor dem Untergang zu bewahren. Diese Idee war einfach und wirkungsvoll: Die alte Devise, dass Sex sich gut verkauft, wirkte auch hier. Dennoch blieb die konkret ihren politischen Artikeln und Kolumnen treu. Herausgeber der Zeitschrift war Klaus Rainer Röhl (*1928), Chefredakteurin Ulrike Meinhof (1934–1976). 1961 hatten die beiden geheiratet, 1967 kaufte sich das Paar eine Jugendstilvilla in Blankenese, in Ferdinands Höh. Röhl und Meinhof waren Teil des Hamburger Establishments. Das schicke Leben in Blankenese war jedoch nicht von langer Dauer, im selben Jahr ließ sich das Ehepaar scheiden. Ulrike Meinhofs Weg in den Terrorismus ist oft beschrieben worden. Ein größerer Gegensatz als zwischen dem Leben im Untergrund, für das die Journalistin ihre Kinder verließ, und dem großbürgerlichen Leben der Blankeneser Hautevolee ist kaum denkbar. Ebenfalls ein ehemaliges Redaktionsmitglied der »konkret« ist der langjährige Wahl-Blankeneser Stefan Aust (*1946), der inzwischen in Niedersachsen lebt. Er machte eine große journalistische Karriere, die ihn schließlich auf den Chefredakteursposten des Nachrichtenmagazins »Der Spiegel« beförderte.

Vierzig Jahre lang blieb eine für die Presselandschaft der alten Bundesrepublik bedeutsame Frau ihrer Heimat Blankenese treu: Marion Gräfin Dönhoff (1909–2002). Geboren 1909 in Ostpreußen auf

Schloss Friedrichstein, musste sie 1945 aus ihrer Heimat flüchten. Sie kam nach Hamburg und prägte von 1946 bis zu ihrem Tod 2002 die Wochenzeitung »Die Zeit« – zunächst als Leiterin der Politik, dann als Chefredakteurin und schließlich als Herausgeberin. In ihrem Haus Am Pumpenkamp in Blankenese wird so mancher für die Zeitung charakteristische Artikel entstanden sein. Die Stadt Hamburg dankte ihr für ihre Verdienste, 1999 wurde sie Ehrenbürgerin der Stadt.

Zuguterletzt sei noch ein lokaler Verlag im Herzen Blankeneses erwähnt: der Klaus Schümann Verlag. Seit 1983 erscheint hier die Zeitschrift »Klönschnack«, die einen wertvollen Einblick in den Blankeneser Alltag – einst und jetzt – gibt.

 **6 SIETAS-WERFT**

Schon auf dem Weg in Richtung Falkenstein kann man am gegenüberliegenden Ufer weit ins Alte Land sehen. Bereits im 17. Jahrhundert gab es hier Obstanbau. Einen wunderschönen Blick hat man vom Plateau unterhalb des Hauses Michaelsen.

Ein wenig weiter östlich, am Südufer der Elbe, ist von hier aus in der Ferne die älteste Werft Hamburgs zu sehen (Abb. 13). Wie ein großes Eingangstor erscheint der Kran der J. J. Sietas Werft. Schon 1635 wurden im Familienbetrieb hölzerne Boote und Kutter gebaut. Anfang des 20. Jahrhunderts wurde das Baumaterial dann schrittweise von Holz auf Stahl umgestellt. Ob sich dieser Hamburger Traditionsbetrieb noch langfristig in Neuenfelde befinden wird, ist allerdings die Frage: Er stand kurz vor dem Aus und wurde Anfang 2014 von einer russischen Werft aufgekauft. Nach starken, durch die Finanz- und Schifffahrtskrise bedingten Einbußen hatte er 2011 Insolvenz anmelden müssen, obwohl die Werft kurz zuvor einen vielversprechenden Auftrag erhielt: Das niederländische Wasserbauunternehmen Van Oord ließ hier das Errichterschiff Aeolus für den Bau von Offshore-Windparks herstellen. Die Aeolus ist das erste

13 SIETAS-WERFT, 1893

Schiff dieser Art, das in Deutschland gebaut wurde, Sietas hatte sich gegen den Markt in Asien und Osteuropa durchgesetzt. Ein Folgeauftrag für ein weiteres Errichterschiff wurde der Werft in Aussicht gestellt, doch dieser kam nicht. Zu groß ist die Unklarheit, wann die Windparks an das Stromnetz angebunden werden. Denn die Energie hat keinen Nutzen, solange sie nicht zum Verbraucher transportiert werden kann. Viele potenzielle Investoren haben sich nun aus dem Windpark-Geschäft zurückgezogen.

Obwohl die Sietas-Werft in Zeiten der Energiewende zukunftsträchtige Schiffe baut, bestand also die Befürchtung, dass die Arbeit auf der Hamburger Traditionswerft nach 378 Jahren für immer ruht. Mit dem Verkauf der insolventen Werft an das Unternehmen Pella Shipyard aus St. Petersburg ist der Betrieb nun für mindestens weitere acht Jahre garantiert – ein Rettungsanker für Hamburgs älteste Werft.

Unterhalb des Hauses Michaelsen führt uns eine Treppe hinunter Richtung Elbufer. Unten angekommen halten wir uns rechts. Die Straße Rissener Ufer führt uns das letzte Stück bis Wittenbergen.

7 ELBUFER WITTENBERGEN

So schön wie in Wittenbergen ist das Elbufer fast nirgends. Der Sand ist weiß, der Blick führt weit die Elbe hinunter und man hat fast das Gefühl, man sei am Nordseestrand. Aber auch wenn man das Meer hier schon deutlich zu spüren meint, ist es doch noch rund achtzig Kilometer entfernt. Die riesigen Containerschiffe, die sich hier hinaus in die Welt oder hinein in den Hamburger Hafen schieben, erwecken zumindest die Sehnsucht nach dem Meer und der Ferne.

Hier am Strand erhebt sich der mittlerweile unter Denkmalschutz stehende Leuchtturm Wittenbergen (Abb. 14). Er ist das Unterfeuer am Elbufer. Gemeinsam mit seinem Pendant, dem Oberfeuer in Tinsdal, bildet er eine Richtfeuerlinie. Erbaut wurde der dreißig Meter hohe Leuchtturm Ende des 19. Jahrhunderts. Seine Inbetriebnahme läutete förmlich das neue Jahrhundert ein. Doch er durfte nicht lange an seinem Platz stehen. Wenige Jahre später musste die Fahrrinne der Elbe begradigt werden, sodass der Turm 1905 um neun Meter verschoben wurde. Es erwies sich also als praktisch, dass man für seinen Bau eine verhältnismäßig leichte Gitterkonstruktion gewählt hatte. Neben dem

14 LEUCHTTURM WITTENBERGEN

15 »ALTES GASTHAUS«, 1903

ursprünglichen steinernen Fundament wurde ein weiteres Fundament errichtet, und mithilfe von Stahlwinden wurde der Bau nun auf seinen neuen Platz gezogen. Um ein Umstürzen zu vermeiden, waren Stahlseile vom Kopf des Turms bis zu mehreren am Boden befestigten Winden gezogen worden. Diese Umbettung des Unterfeuers fand seinerzeit in der Fachwelt Beachtung und wurde als große ingenieurtechnische Leistung gefeiert.

Wo es zu Beginn des letzten Jahrhunderts einen Leuchtturm gab, da gab es auch einen Leuchtturmwärter. Der erste Inhaber dieses Amts in Wittenbergen war Joachim Brandt. Ein häufiger Gast war der Maler, Bildhauer und Autor Ernst Barlach, den es damals für einige Zeit zurück in seine Heimatstadt Wedel gezogen hatte. 1967 stellte dann der letzte Leuchtturmwärter in Wittenbergen seinen Dienst ein, von nun an strahlte elektrisches Licht vom Turm. Leider müssen wir uns damit begnügen, das Richtfeuer von unten zu sehen, denn der Turm ist nicht begehbar. Der Sockel ist inzwischen mit einem maritimen Motiv bemalt, was jedoch nicht verhindern konnte, dass das Bauwerk durch Schmierereien verunstaltet wurde.

Früher kamen die Menschen auch der Gastronomie wegen in diese Gegend. Westlich des Leuchtturms befand sich ab 1898 das »Alte Gasthaus«

(Abb. 15). Geführt wurde es vom Ehepaar Johann und Katharina Wiggers. Ihnen setzte Ernst Barlach, der hier zu Beginn des 20. Jahrhundert gern einkehrte, in seinem Drama »Der arme Vetter« ein literarisches Denkmal. 1908 verpachteten die Wiggers das Haus an die Familie Heuer, deren Tochter Meta es bis 1969 weiterbetrieb. Jedoch war das Gebäude bei der großen Sturmflut 1962 derart beschädigt worden, dass es in den 1970er Jahren abgerissen werden musste. Wer geduldig ist, kann bei Niedrigwasser den Elbstrand nach Scherben absuchen, angeblich sind hier noch immer Überreste des Inventars zu finden.

Als die Wiggers ihr Gasthaus verpachteten, bedeutete dies aber noch lange nicht das Ende ihrer gastronomischen Laufbahn. 1907 beauftragte Johann Wiggers den Bau des Fährhauses Wittenbergen. Es lag direkt am Anleger, wo die Schiffe Halt machten, die die Gäste nach Wittenbergen brachten. Ein langer Steg führte von dort direkt zum Fährhaus. Das Fährhaus war ein Ausflugslokal mit großzügiger Café-Terrasse, das bei den Hamburgern recht populär war (Abb. 16). Auch Betten für Hotelgäste gab es hier, die Anreise war allerdings etwas mühsam, denn man musste samt Gepäck über den sandigen Wittenbergener Weg kommen. Direkt dahinter gab es früher einen Teich, der zum Vergnügen der Gäste Seehunde beherbergte. Die Seehunde sind schon seit vielen Jahren nicht mehr hier, aber den Teich gibt es immer noch. Heute befindet sich an dieser Stelle ein Kiosk, der Erfrischungen anbietet. Der Teich selbst wirkt allerdings eher ungepflegt.

Im Zweiten Weltkrieg wurde das Fährhaus zweckentfremdet, ein Lazarett wurde eingerichtet. Nach zwei großen Sturmfluten in den 1960er und 1970er Jahren war auch dieses Gebäude nicht mehr zu retten, 1976 wurde es abgerissen. Zu sehen sind heute lediglich noch die Bäume der Café-Terrasse. Dennoch gewinnen wir hier einen Eindruck von der wunderschönen Lage des einstigen Lokals.

Die meisten Besucher wurden Anfang des 20. Jahrhunderts von den hervorragenden Bademöglichkeiten angezogen. Nirgends war der Elbstrand so weit und so schön wie hier. Auch heute gibt es den einen oder anderen

16 FÄHRHAUS WITTENBERGEN, 1927

Strandgast, der sich hier in die Elbe wagt. Die allermeisten kommen aufgrund der wechselnden Wasserqualität und der gefährlichen Strömung aber lieber zum Sonnenbaden, Grillen und Picknicken. Die Sommerfreude am Wittenbergener Ufer ist in jedem Fall ungebrochen.

Um von hier aus den Rückweg anzutreten, gibt es nun zwei Möglichkeiten. Entweder man geht zurück zum Falkensteiner Ufer und nimmt an der Haltestelle Falkentaler Weg eine der »Bergziegen« der Linie 48 zum S-Bahnhof Blankenese. Wem das zu weit ist, der geht den Wittenbergener Weg nach oben bis zur Haltestelle Tinsdaler Kirchenweg und nimmt den Bus der Linie 189 bis Blankenese (etwa zehn Minuten Fahrt).

CAFÉS / RESTAURANTS

Elbglück Cafebar
Wedeler Landstraße 48
→ *nettes, junges Café*

KaffeeKlatsch
Wedeler Landstraße 44
→ *Café und Restaurant*

Kashmir
Wedeler Landstraße 29
www.rissen.de / kashmir /
→ *indisches Restaurant mit Sommergarten*

La Fattoria
Wedeler Landstraße 14
www.fattoria-rissen.de
→ *klassisches italienisches Restaurant*

Restaurant »zum Falkenstein«
Kösterbergstraße 105
www.zum-falkenstein.de
→ *zünftiges Restaurant mit Biergarten*

Zum Falkensteiner Ufer
Falkensteiner Ufer 54
→ *Kiosk und Café für die kleine Pause*

LÄDEN

Bloomen Deel Rissen
Wedeler Landstraße 29
→ *Blumenladen mit geschmackvollen Arrangements*

Buchhaus Steyer
Wedeler Landstraße 14
www.steyer-rissen.de
→ *Stadtteilbuchladen mit persönlichem Service*

Buchhandlung Kötz und Buchenau
Wedeler Landstraße 25
www.koetzundbuchenau.shop-asp.de
→ *einladende Buchhandlung im Herzen von Rissen*

Oerke's Fischfeinkost
Wedeler Landstraße 53 H
→ *Frischfisch, selbstgemachte Salate und Marinaden*

Schuhterrain einundzwanzig
Wedeler Landstraße 21
www.schuhterrain21.de
→ *schöner Schuhladen im Souterrain*

Strelow Teeladen
Wedeler Landstraße 48
→ *Riesenauswahl an Tees*

Topf & Deckel

Wedeler Landstraße 26

→ *traditioneller Eisenwarenladen mit netter Beratung*

Weinhaus Rissen

Wedeler Landstraße 28

→ *Weinladen mit großer Auswahl, außerdem Schokolade*

Wochenmarkt Wedeler Landstraße

→ *dienstags von 7 bis 18 Uhr, samstags von 7 bis 14 Uhr ist Ökomarkt*

FREIZEIT / SPORT

Campingplatz Elbecamp

Falkensteiner Ufer 101

www.elbecamp.de

→ *Schiffe gucken und am Elbstrand schlafen*

Rissener Sportverein von 1949 e. V.

Marschweg 75

www.rissenersv.de

→ *Breitensport von Bauch, Beine, Po bis Hockey, Krocket, Tennis*

Hamburger Golf-Club e.V.

In de Bargen 59

www.golfclub-falkenstein.de

→ *Hamburger Traditionsgolfclub*

Ring der Einzelpaddler / Faltbootgilde

Verein für Kanusport e.V.

Falkensteiner Ufer 2

www.rde-hamburg.de

→ *Kanu-Grundkurse für Anfänger*

KULTUR

Puppenmuseum Falkenstein

Sammlung Elke Dröscher

Grotiusweg 79

www.elke-droescher.de

→ *Puppensammlung im neusachlichen Landhaus*

SOZIALES / NON-PROFIT

Elsa Brändström Haus

Kösterbergstraße 62

www.ebh-hamburg.de

→ *internationale Tagungs- und Bildungsstätte*

Literatur zu Blankenese und den Elbvororten

• Bernhard Behncke (Hg.): Von Hamburg nach Blankenese. Eine Wanderung im Jahr 1839. Mit einem Nachwort von Eckart Kleßmann, Hamburg 2011.

• Dieter Bönig: Villen & Landhäuser in Hamburg – Elbchaussee: ArchitekTour Hamburg, Berlin 2011.

• Oliver Breitfeld (Hg.): Albert Renger-Patsch. Parklandschaften: 60 Fotos für die Warburgs, Hamburg 2005.

• Oliver Breitfeld: Campagna am Elbhang. Der Römische Garten in Hamburg-Blankenese, Hamburg 2006.

• Anna Brenken/Urs Kluyver: Blankenese, Hamburg 2000.

• Anna Brenken/Egbert Kossak: Spaziergänge Hamburg, Hamburg 1989.

• Judy Brose: Der Hirschpark. Hintergründe, Geheimnisse, Verträumtes, Bremen 2002.

• Hans Bunge/Gert Kähler (Hg.): Villen und Landhäuser. Bürgerliche Baukultur in den Hamburger Elbvororten von 1900 bis 1935, Hamburg 2012.

• Christuskirche Othmarschen (Hg.): Die Kirche im Dorf. 100 Jahre Christuskirche in Othmarschen 1900 bis 2000, Hamburg 2000.

• Reinhard Crusius: Der Jenischpark. Ein Spaziergang durch seine Geschichte und die Jahreszeiten, Hamburg 2006.

• Joachim Eggeling: Bahnhof Blankenese, Hamburg 1997.

• Fischmarkt Altona GmbH (Hg.): Butt aus Altona: Vom ersten Elbfischer zum modernen Dienstleister. Die Geschichte des Fischmarkts Hamburg-Altona, Hamburg 2009.

• Kurt Grobecker: Louis C. Jacob. Zwei Jahrhunderte Restaurant- und Hotelgeschichte, Hamburg 1996.

• Günther Grundmann (Hg.): Die Bau- und Kunstdenkmale der Freien und Hansestadt Hamburg. Band 2, Altona und Elbvororte, bearbeitet von Ranata Klée Gobert, Hamburg 1970.

• Winfried Grützner: Leichen sterben nie aus: Schauergeschichten vom Elbhang, Hamburg 2006.

• Winfried Grützner: Blankenese. Ein wahres Paradies von Weltruf, Herford 1994.

• Ronald Gutberlet: Hamburg ahoi, Elbe abwärts. Vom Fischmarkt unterwegs nach Blankenese, Hamburg 2000.

• Rosmarie Halbrock: Nienstedten, Hamburg 1999.

• Hermann Reemtsma Stiftung (Hg.): Das Landhaus Baur von Christian F. Hansen in Altona. Ein Restaurierungsbericht, München 2005.

• Volker Detlef Heydorn: Das Blankeneser Oberland. Vom Baurs Park zur Richard-Dehmel-Straße, Blankenese 1987.

• Volker Detlef Heydorn: Rund um den Krähenberg, Hamburg 1985.

• Gabriele Hoffmann: Das Haus an der Elbchaussee, München 2006.

• Ulrich Höhns: Moderne im Park. Der Architekt Helmut Riemann und die Häuser im Reemtsma Park in Hamburg, Hamburg/München 2009.

• Maike Holst/Ronald Holst: Anno Krug: Ausflugslokale und Kneipen damals. Historisches aus den alten Tagen der Blankeneser Gastronomie, Hamburg 2006.

• Maike Holst/Ronald Holst: Stille Häuser – stürmische Geschichten. Wissenswertes, Köstliches und Mörderisches aus 350 Jahren, Hamburg 2011.

• Tim Holzhäuser: Die Elbchaussee. Die Prachtstraße der Hansestadt, Hamburg 2006.

• Olaf Irlenkäuser: Landhäuser & Villen in Hamburg – Blankenese: Ein unentbehrlicher Begleiter für einen Spaziergang durch Blankenese, Berlin 2008.

• Olaf Irlenkäuser: Hamburg: Geschichte & Geschichten. Ein Lexikon, das Geschichten erzählt, Berlin 2009.

• Joachim Jessen/Detlef Lerch: Das Hans Leip Buch. Erinnerungen, Gedichte, Gedanken, Erzählungen, Hamburg 1983.

• Werner Johannsen: Wer sie waren ... wo sie ruhen. Ein Wegweiser zu den bemerkenswerten Grabstätten auf dem Friedhof Nienstedten, Kiel 2004.

• John F. Jungclaussen: Risse in weißen Fassaden. Der Verfall des hanseatischen Bürgeradels, München 2006.

• Eberhard Kändler: Der Friedhof in Nienstedten und seine Museumsbereiche, Hamburg 1987.

• Gerhard Kaufmann (Hg.): Louis C. Jacob. Restaurant und Hotel an der Elbchaussee, Hamburg 1995.

• Fritz Lachmund (Hg.): Von Mottenburg nach Blankenese. Die Elbvororte in alten Fotos und Bildpostkarten, Hamburg 1985.

• Annette Laugwitz: »Das Haus des Dichters«. Richard Dehmel in Blankenese, Hamburg 1992.

• Ursula Lindig: Chronik der Blankeneser Kirche 1896–1996, Hamburg 1996.

• Ina Lorenz: Ein Heim für jüdische Waisen. AJDC Warburg Children Health Home Blankenese (1946–1948), in: Jüdische Welten. Juden in Deutschland vom 18. Jahrhundert bis in die Gegenwart, hrsg. von Marion Kaplan und Beate Meyer, Göttingen 2005, S. 336-358.

• Katharina Marut-Schröter/Jan Schröter: Die Elbvororte, Hamburg 1997.

• Jürgen Meyer: 150 Jahre Blankeneser Schifffahrt 1785–1935, Hamburg 1968.

• Donata von Puttkamer: Landhaus und Landschaftsgarten an der »Elbchaussee« 1750–1840, Bonn 1983.

• Katrin Schmersahl: Hamburger Elbblicke. Die Geschichte der Parks; Landhäuser und Familien entlang der Elbchaussee, Hamburg 2012.

• Katrin Schmersahl/Jürgen Weber: Spaziergänge am Elbufer und durch die Parks, Hamburg 2013.

• Margit Schulte-Haubrock: Süllberg-Restaurant 1837–1987. Erinnerungen aus 150 Jahren, Hamburg 1987.

• Marion H. Spiegelberg: Zwischen Bornholdtstreppe und Knüll: Unser Leben in Blankenese zwischen Krieg und Wirtschaftswunder, Hamburg 2006.

- Johannes W. Studt: Zwischen Süllberg und Bulln. Eine Kindheit und Jugend in Blankenese, Hamburg 2003.
- Jizchak Tadmor (Hg.): Kirschen auf der Elbe. Das jüdische Kinderheim Blankenese 1946–1948, Hamburg 2010.
- Nicole Tiedemann/Frauke Tietze: Blankenese – ein Mythos, Husum 2002.
- Karl-Heinz Walloch: Die Elbchaussee. Geschichte und Geschichten von Hamburgs schönster Straße, Hamburg 1999.
- Matthias Wegner/Sonja Valentin: Ja, in Hamburg bin ich gewesen. Dichter in Hamburg, Hamburg 2000.
- Wolf Achim Wiegand: Zeitsprünge Hamburg-Blankenese, Erfurt 2006.
- Gerhard Wietek: Maler sehen Blankenese und die Elbe, Hamburg 1971.

Bildnachweis

Einleitung: S.5: Bestand Junius Verlag (Postkarte); S.6: Hans Andres Verlag (Postkarte)
Rundgang 1 aus: Die Bau- und Kunstdenkmale der Freien und Hansestadt Hamburg, Bd. II: Altona und die Elbvororte, 1970: Abb. 18; Denkmalschutzamt Hamburg, Bildarchiv: Abb. 24; www.hamburg-bildarchiv.de: Abb. 1, 4, 11, 15, 23; Hamburgisches Architekturarchiv: Abb. 8; Mâlin Hartz: Abb. 5, 6, 9, 10, 12–14, 17, 19–22, 25–27, 29; Reinhold Liebermann: Abb. 2; MSB Landschaftsarchitekten: Abb. 7; Henning Rademacher: Abb. 3; Staatsarchiv Hamburg: Abb. 16; Stiftung Historische Museen Hamburg – Altonaer Museum: Abb. 28
Rundgang 2 aus: Reinhard Crusius (Hg.), Der Jenisch-Park. Ein Spaziergang durch seine Geschichte und die Jahreszeiten, 2006: Abb. 11, 19; aus: Ralf Lange, Architektur in Hamburg. Der große Architekturführer, 2008: Abb. 5; Denkmalschutzamt Hamburg, Bildarchiv: Abb. 6; Klaus Frahm: Abb. 1,2; www.hamburg-bildarchiv.de: Abb. 13, 20; Hamburgisches Architekturarchiv: Abb. 4; Mâlin Hartz: Abb. 9, 10, 14–18; Historische Museen Hamburg – Museum der Arbeit: Abb. 8; Katharina von Hoefs: Abb. 21; Gudrun Petersen: Abb. 7, 12; Staatsarchiv Hamburg: Abb. 3
Rundgang 3 aus: Die Bau- und Kunstdenkmale der Freien und Hansestadt Hamburg, Bd. II: Altona und die Elbvororte, Hamburg 1970: Abb. 12; aus: Werner Johannsen, Wer sie waren … wo sie ruhen. Ein Wegweiser zu bemerkenswerten Grabstätten auf dem Friedhof Nienstedten, 2004: Abb. 6, 23; Architekturbüro von Branca: Abb. 14; www.hamburg-bildarchiv.de: Abb. 13, 20; Mâlin Hartz: Abb. 1–3, 5, 7–10, 16–19, 21, 22, 24, 25, 27–32; Hotel Louis C. Jacob: Abb. 15; Junius Verlag: Abb. 4; Reinhold Liebermann: Abb. 11; Sammlung Heiko Möhle: Abb. 26
Rundgang 4 aus: Gärten, Landhäuser und Villen des hamburgischen Bürgertums. Kunst, Kultur und gesellschaftliches Leben in vier Jahrhunderten, 1975: Abb. 6; Color Dia-Verlag: Abb. 12, 13; Hans Andres Verlag: Abb. 15, 22; Agentur Conti: Abb. 14; Stiftung Hanseatisches Wirtschaftsarchiv, Historischer Bestand Commerzbibliothek S/571, Bd. 6, Karte 49: Abb. 1; www.hamburg-bildarchiv.de: Abb. 3–5, 16, 17, 24, 25; www.hamburger-fotoarchiv.de: Abb. 26; Mâlin Hartz: Abb. 2, 7, 9, 11, 20; Historischer Bilderdienst, Reinhard Quenstedt: Abb. 18; Junius Verlag: Abb. 8, 10, 19, Bestand Junius Verlag (Postkarten): Abb. 21, 23
Rundgang 5 aus: Volker Detlef Heydorn: Das Blankeneser Oberland von Baurs Park zur Richard-Dehmel-Straße, 1987: Abb. 18; aus: Matthias Wegner: Dichter in Hamburg, 2000: Abb. 5; Denkmalschutzamt Hamburg, Bildarchiv: Abb. 4; www.hamburg-bildarchiv.de: Abb. 8, 11, 21; Hamptons International: Abb. 19; Junius Verlag: Abb. 16; Julius Koopmann (spiegel. de): Abb. 10; Anna Prochotta: Abb. 2, 3, 6, 7, 9 12–15, 17, 20, 22; Staatsarchiv Hamburg: Abb. 1
Rundgang 6 Denkmalschutzamt Hamburg, Bildarchiv: Abb. 12; Elsa Brändström Haus: Abb. 2; www.hamburg-bildarchiv.de: Abb. 7, 15, 16; www.lychen.de: Abb. 4; MF Matthias Friedel – Luftbildfotografie: Abb. 8; Fotosammlung Krummlinde: Abb. 13; picture alliance/dpa: Abb. 11; Anna Prochotta: Abb. 5, 6, 9, 10, 14; Verein zur Erforschung der Geschichte der Juden in Blan-

kenese (aus: Kirschen auf der Elbe. Das jüdische Kinderheim Blankenese 1946–1948): Abb. 1, 3
Exkurse *Elbinseln*: RaBoe/Wikipedia; *Hans Leip*: Denkmalschutzamt Hamburg, Bildarchiv;
Leute *Bernhard Fürst von Bülow*: wissenmedia; *Marion Gräfin Dönhoff*: Walter Lüden; *Elisabeth Flickenschildt*: www.kino-5oer.de; *Heidi Kabel*: Hamburger Morgenpost; *Ulrike Meinhof*: dpa Picture Alliance (WDR); *Otto Waalkes*: Lokalzeitung ALTONA.INFO

In Einzelfällen konnten die Inhaber der Bildrechte nicht ermittelt werden. Die Rechteinhaber bitten wir, sich an den Verlag zu wenden. Ihre Rechte werden hiermit ausdrücklich anerkannt.

MÅLIN-GUNNI HARTZ (*1974) wuchs in Büsum an der Nordseeküste auf. Das Studium der Mesoamerikanistik und Geschichte führte sie 1996 nach Hamburg. Als Nordlicht fiel es ihr nicht schwer, sich in der Hansestadt mit ihrem großen Elbstrom heimisch zu fühlen. Die Begeisterung für die Stadt teilt sie gern mit anderen auf ihren Rundgängen für Stattreisen e. V., die sie seit 2006 durchführt.

ANNA PROCHOTTA (*1980 in Pforzheim) studierte Geschichte und Literatur in München und Hamburg. Schon als Schülerin verbrachte sie ihre Ferien am liebsten in der Hansestadt. Trotz ihrer badischen Herkunft ist sie Kennerin der Hamburger Geschichte. Seit 2011 ist die Historikerin für Stattreisen Hamburg e. V. als Stadtführerin unterwegs.